银行网点转型之道

互联网时代
重新定义银行网点

陈楠　杜晶晶◎著

北京联合出版公司
Beijing United Publishing Co.,Ltd.

图书在版编目（CIP）数据

银行网点转型之道 / 陈楠，杜晶晶著. — 北京 : 北京联合出版公司， 2016. 8
（2017. 12重印）

ISBN 978-7-5502-8210-0

Ⅰ. ①银… Ⅱ. ①陈… ②杜… Ⅲ. ①银行业务—中国 Ⅳ. ①F832. 2

中国版本图书馆CIP数据核字(2016)第168058号

银行网点转型之道

作　　者：陈　楠　杜晶晶

选题策划：北京时代光华图书有限公司

责任编辑：夏应鹏

特约编辑：何英娇

封面设计：新艺书文化

版式设计：曾　放

北京联合出版公司出版

（北京市西城区德外大街83号9层 100088）

北京晨旭印刷厂印刷　　新华书店经销

字数162千字　　787毫米 × 1092毫米　　1/16　　15. 75印张

2016年8月第1版　　2017年12月第3次印刷

ISBN 978-7-5502-8210-0

定价：49.00元

目 录
contents

第二篇
互联网时代银行网点的管理职能

第四篇

互联网时代银行网点的服务变革

推荐序

foreword

近十年来，我国的经济发展有两个非常明显的重点：一个是金融变革，一个是网络营销。

简单地解构一个社会的经济体系，可以把它看作一个三角形，下半部是产业实体（physical economy），上半部是金融系统（financial economy）。先进国家已从产业实体上升到金融系统，玩起国际货币金融的游戏来，再用资本操作的手法掌控着发展中国家的加工制造业。现在，我国的银行业也紧跟着这样的一个大势，蓬勃地发展起来，不断地扩张分支网点，也不断地推出各式各样的金融商品，激烈的竞争与服务在金融市场里往来博弈。

人类早已从农业、工业、商业社会演进到信息社会。智能手机、平板电脑已经是21世纪的必备工具，而网络就是它们的神经系统。在这样一个快速发展的时代，金融创新和联网营销考验着每一个金融事业单位的干部和员工。

如何有效地提升分支网点的经营能力和销售技巧，如何快速地满足现有市场的新颖需求，如何智慧地开发增量客户 / 存量客户 / 流量客户的蓝海空间，如何抢先运用互联网特性……都是现代金融从业人员不可或缺的知识。

那么，你现在应该做的事就是打开这本书，学习它的宝贵建议，何况作者杜晶晶女士还是我以前的优秀干部，原慧泉（中国）国际教育集团深圳、广州公司的负责人。

余世维教育集团　董事长
香港富格曼集团　董事长
印尼汉威能源集团　执行董事

余世维　强力推荐

前 言
preface

互联网时代银行服务营销的发展趋势

截至 2014 年年底，中国市场上的银行法人主体已达 3700 家；根据我国加入世贸组织的承诺，我国的金融市场也正有序对外资银行开放；随着互联网时代的到来，各种互联网金融产品也竞相入市。一时间，我国的金融市场呈现出百花齐放的精彩，各路金融大咖都希望在中国这片神奇的土地上分一杯金融市场的羹。

对客户来说，金融市场的竞争可以享受到更实惠、更多元化的金融服务。但是对每位银行从业者来说，金融市场的竞争既是挑战，也是机遇。

说其是挑战，是因为当下的银行人必须以最快的速度跑步进入银行营销的互联网金融时代，转变固有的卖方市场思维，调整为买方市场思维。

说其是机遇，是因为在这样的竞争和挑战中，必然有一批优秀的银行人脱颖而出，成为卓越的银行服务领导者。时势造英雄，在如此激烈的金融竞争年代，是英雄还是狗熊要真刀真枪地来试试，银行网点的赢利能力就是银行网点管理者能力的最直接表现。

在竞争如此激烈的市场环境下，银行网点负责人的角色更加重要，一个银行网点的转型能否成功，能否跟上市场转变的步伐，不仅基于银行网点负责人的角色转变是否成功，更取决于银行网点负责人自我能力的不断提升。

同时，新常态下的利率市场化也向我们提出了严峻的考验：负债端产品如何营销？资产端产品如何创收？领导们期待我们不怕艰辛，能从前线不断带来好消息；客户期望我们提供更优质、更便捷的服务和产品。可以说，做银行行长难，做“互联网 +”的银行行长更难。

在当下的竞争环境中，作为网点负责人，要具备统筹管理的战略思维，以行为家的企业家精神，构建精细运作的营销系统，创造工匠精神的服务价值。这一切就构成了银行网点负责人的顶层思维模式。

新常态下银行服务营销的核心是什么？总结来说就是两点：一是客户导向；二是“互联网 +”。

客户导向

对比二十年前的银行网点，我们不难发现，在这二十年的时间里，银行网点发生了翻天覆地的变化。还记得小时候，我生活在银行大院里，每天出出进进都是从银行网点穿过，那时候的银行网点没有大堂经理，也没有理财经理，只有冷冰冰的柜台，客户来办理业务也要排着长长的队伍。

虽说传统的银行网点现在在我国的某些偏远地区还存在，但是全国大部分地区银行网点的发展已经越来越现代化、人性化了，服务的种类也越来越多。银行网点是银行多元化结构调整的风向标，银行网点这种日新月异的变化，正向我们彰显着银行以客户为导向的营销理念的积极变革。

十年前，我们的市场还是客户围着银行转的市场，还是客户为了贷款托人找关系给银行送礼的时代。十年后的今天，恐怕银行网点的负责人每天都要花大量的心思琢磨如何能约到一个客户吃饭吧!

所以，现在的银行已经彻底脱离了“卖方市场”的优势，从客户围着银行转，转变成银行围着客户转。在这个过程中，我们首要的任务就是要克服银行从业者的心理落差，从主动营销意识的转变开始，彻底把银行网点的每位工作人员都打造成优秀的金融服务工作者。

同时要解决的是产品设计、营销端口、服务理念、服务形式是否满足客户需求的思维转化。一切以客户为中心的理念需要根植于每位银行人的内心。

“互联网 +”

现在，各行各业都离不开互联网，银行业也不例外。确切地说，不是我们离不开互联网，而是客户离不开互联网。对银行未来的核心客户 90 后和 00 后而言，他们根本无法理解这个世界如果没有网络会怎么样。

互联网金融产品从抢占客户的支付端口、培养客户的支付使用习惯开始，到逐步影响客户的经济生活，最终实现客户使用银行的长期黏性和忠诚性。我们其实不必把“互联网 +”金融当作传统银行的竞争对手，而应该把它作为一种工具，作为占领客户使用习惯的最后一公里。

作为银行网点负责人，我们应该正视互联网金融的出现，明白这是历史发展的必然趋势。互联网金融帮我们有效地服务了一批内在价值客户，让每个银行网点降低了客户服务的压力，但同时也提出了挑战。由于服务便捷化通路的存在，银行网点已经不能仅仅是一个办理业务的端口，我们要将网点经营的核心价值发挥出来，让银行网点成为客户与银行接触、了解银行服务、树立品牌形象、提升用户流量的重要营销及服务渠道。

同时，在银行网点工作人员的指导下，我们应该有效利用“互联网 +”的工具，把柜台搬到客户的手机里，把定时定点的银行网点服务，变成 7×24 小时的贴心终端服务。

互联网银行服务营销的转型，对银行网点负责人提出了严峻的挑战，在这场惊涛骇浪的行业变革中，如何精准地把握本网点在系统中的定位，如何做好网点周边的市场调研和网点服务营销定位，如何依托总行的企业识别系统（CIS）管理做好网点的差异化服务营销，如何激发网点人员最大潜能，如何做一位优秀的网点管理者，这都将成为新常态下银行网点管理者成长的必经之路。

本书以新常态下的市场营销环境为思考点，结合笔者在各家、各地银行开展咨询项目、培训项目时接触的网点服务、网点营销、网点管理的经验，分别从新常态下银行网点的战略定位、营销定位、服务定位和管理定位四个维度，帮助网点负责人理清经营管理的思路，构建网点经营的顶层思维。

本书中借鉴了很多受训网点的成功案例，其中有国有银行的传统网点，股份制商业银行的百佳网点、社区网点，邮储系统和农商行、农信社的小微网点、零售网点、分理处等。希望能够给各位读者带来启发，并帮助大家成为未来中国银行业卓越的网点负责人和行业引领者。

在此感谢所有为我们提供案例的各家银行管理者、支行长、网点负责人和优秀的银行从业者。也感谢为我们这本书问世而兢兢业业指导和服务我们的出版社的同人。更感谢一直以来帮我们联系、校对、安排、沟通的华师经纪的团队伙伴们。以后也欢迎广大读者把你们的读书心得和经典案例分享给我们。

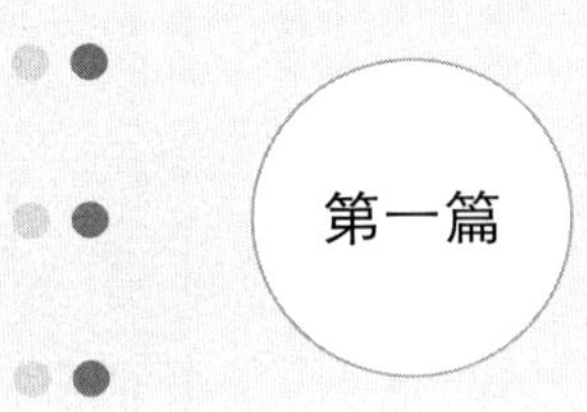

互联网时代银行网点的战略转型

银行网点负责人只有具有清晰的网点战略定位，才能够有的放矢地进行银行网点的日常运营管理。

在互联网经济时代，中国金融市场在悄然发生哪些变化？银行业在我国整个产业结构中处于什么样的地位？银行业将会受到哪些影响？虽然所有的金融行业从业者都能够感知到强烈的变化正在袭来，但要说具体哪里发生了变化，又很少有人能够清晰地描述出变化的本末，更别说理清思路来面对即将到来的变革了。

中国经济的新常态是我国经济结构发展的必然趋势，伴随着产业结构调整及市场化进程的进一步深化，政府这只看得见的手逐渐从市场中撤回，让市场经济这只看不见的手来自由发挥，并主导我国经济产业结构的进程。那么，对银行业来说，这种经济结构的变化意味着什么呢？

首先，对银行从业者来说，自 2015 年 5 月 1 日起，我国所有银行正式进入市场经济的运营规则中，每个银行自负盈亏，自主经营，经营模式、管理模式、营销方法不断推陈出新。存款保险制度从表面上看是维护储户利益的制度，但实际上，是在我国金融结构布局结束后，正式将所有银行推向市场独立面对竞争的标志。

面对这种现状，所有银行从业者都面临着巨大的压力，这种压力不仅来自市场的竞争压力，还来自自我转型带来的心理压力。尤其对银行网点负责人来说，以往的工作重心主要针对的是行内的上级领导，只要尽职尽责地完成上级分行安排的工作任务即可；但利率市场化以后，从产品结构调整到营销策略转型，各家银行纷纷抢占和瓜分国内金融市场。银行网点负责人再单纯地执行上级分行的指令和任务已经无法应对市场竞争带来的压力。

在互联网经济时代，要让自己的银行网点在营销竞赛中立于不败之地，银行网点负责人要身兼企业家和职业经理人的双重角色，既要把自己当成银行在该网点派遣的职业经理人，还要把自己当成在该地开设金融服务机构的企业家。

职业经理人的职责是要完成上级领导指派的各项任务和指标；企业家的职责是要能够在网点所在区域深耕细作，提升品牌形象，提供符合该区域特色的金融服务，把银行网点当成在该区域开设的零售行业门店一样运营。

其次，对整体市场环境来说，进入互联网经济时代，我国的整体金融格局发生了很大变化，可以说是内有追兵，外有强敌。

2015 年，我国开设了两家具有里程碑意义的银行：一家是中国首家民营银行——微众银行，另外一家是马云开设的网商银行。微众银行开启了民营银行的里程碑，将银行的运营主体扩散到每个个体中；网商银行则突破了银行与客户之间的最后一厘米，提出了“我就是你”的经营理念和口号。在这两家银行开启的背后，我们看到的是，由于产业结构变化，我国国民财富出现的巨大变化及金融服务主体的快速变革。这对传统银行业来说，注定是一个严峻的挑战。

余额宝的营销成功及中国式的“大妈经济”，让众多金融从业者发现了我国极具潜质和待开发的零售市场，更多的金融从业者期待在我国的金融零售市场中分一杯羹。同时，在这一轮金融行业转型的震动下，我国个人金融市场的财富结构也发生了很大变化，其中包括信息获取的多元化、客户采购的理性化、客户知识的专业化、产品结构的个性化，以及金融竞争的国际化。

在这种内外双向的变革推动与压力下，银行网点负责人作为银行服务终端管理者的角色变得至关重要。银行网点负责人是否清晰地了解网点的核心客户需求，能否高效地利用互联网工具实现网点 O2O 经营，能否明确地向员工阐述网点服务营销的定位和流程，都是银行网点负责人经营战略思维的必备要素。银行网点负责人只有具有清晰的网点战略定位，才能够有的放矢地进行银行网点的日常运营管理。

本书第一部分内容以新常态经济为核心，分别展开陈述，帮助银行网点负责人构建银行网点经营管理的顶层结构思维。

●● 战略定位，客户先行

○ 精准的客户定位是网点定位的前提

谁是我们的客户？他们在哪里？如何找到他们？如何留住他们？这是很多银行从业者面临的重要问题。在给各家银行培训的过程中，我们遇到最核心的问题也是这些。

无论是市场占有率最高的中、农、工、建、交五大银行，还是已经在市场上摸爬滚打多年的股份制商业银行，大部分银行网点负责人给我们的反馈都是："老师，我不知道客户在哪里，也不知道客户是谁，更苦恼用什么样的方式找到并留住他们。"也正因为如此，很多银行网点的营销活动根本没法开展。因为没有精准的客户定位，就无法提供精准的产品和优质的服务。没有目标的服务是无效的服务，没有目标的营销是无效的营销。银行已经走出了"有钱就是客"的年代，如果你不知道你的精准客户是谁，就会出现这样的困惑。

小 A 在某银行网点工作，每天都被沉重的制式化工作压得喘不过气来。面对网点络绎不绝的客户，以及巨大的业绩指标压力，小 A 不知所措。

由于他所工作的银行网点是传统银行网点，又在老城区，所以他们的客户有中型企业、小微企业，也有普通居民，小 A 无法精准地说出到底哪一类客户才是他的核心客户。小 A 觉得业务开展无从入手，甚至整个银行网点的人都不清楚当月、当季度的重点营销客户和方向。

这种状况的出现导致银行网点全体人员都只能接受自然增长带来的绩效，很难看到通过个人的成长和网点经营的成功带来的成果。服务于不同层级、不同年龄、不同需求的客户经理和业务经理也身心疲惫，因为他们需要每天在各类不同需求的客户中周旋和转化角色，无法形成一套适合本网点未来发展的营销系统和业务风格。结果导致整个网点的工作都呈现出没目标、没斗志、没成就的恶性循环。这对员工的个人成长来说是非常糟糕的。

对银行网点来说，面对多样化客户而没有测评营销重点，导致网点服务无法形成竞争优势，客户对网点难有深刻印象，网点也就成了客户临时办理业务的场所，从而无法实现客户的留存。这是让很多网点负责人非常苦恼的问题。

我们应该如何去处理这个问题？这就要谈到一个话题：到底是银行网点来定位客户，还是客户来定位银行网点。

事实上，我们要先找到符合银行网点营销方向的客户群体，然后再依据对这类客户群体的研究和判断进行银行网点功能的布局、营销节奏的把控。在与所定位的客户不断接触的过程中，逐渐调整营销方式、服务形式，慢慢吸引更多类似客户到本银行网点来。只有这样我们才能通过不断努力调整，走向银行网点经营的良性循环。

作为网点负责人，我们首要考虑的是谁才是我们的客户。要想清楚这个问题，我们就要从两个不同的维度着手：一是以网点经营者的视角进行客户大数据分析；二是通过到网点周边的核心覆盖区进行走访，以客户的视角进行分析定位。

以网点经营者的视角进行客户大数据分析

以网点经营者的视角考虑客户的定位，是一种横向的思考方式。这需要银行网点负责人站在营销管理者的角度，对本网点目前的经营状况进行系统分析，了解近一年来本网点的客户增长率、存量客户流失率及厅堂客户的识别率。通过系统的数据分析，银行网点负责人需要精准地辨析在现阶段（一般指一个季度或者一个月）本网点要重点突破的是哪类客户。

如果存量客户的流失比较严重，我们就要去探究流失的原因，是因为长时间没有为其提供服务，还是因为有同类竞争对手的入驻，还是其他原因。这就需要我们对重点流失的存量客户进行服务回访，及时了解问题所在，争取通过良好的服务再次赢得客户，然后针对性地提出全员服务及营销方案，争取短期内降低存量客户流失率，并激活大批存量客户。

如果存量客户维护得比较好，但是银行网点存在明显的客户储备不足状况，我们应该积极主动地去拓展增量客户。这就需要银行网点的工作人员积极主动地走出去，变坐销为行销。

农行某网点负责人已经接近 50 岁，按理说即便不去“折腾”也能在行里安然度日，直到退休。但是在激烈的市场竞争中，他所管理的银行网点流失了大批存量客户，且无法挽回。

为了改变这种局面，这位网点负责人开始了不同以往的尝试：在他的带领下，这个网点的工作人员每天晚上下班后，三人一组，拿着印刷好的农行存款利率单和《致客户的一封信》走进附近小区进行宣传，变坐销为行销。就用这种简单、基础的方式，他们实现了网点一周开卡 45 张，营销存款 1100 万的业绩突破。

谈起走出去的感受时，这位负责人感慨地说：“原本以为自己走不出去的，可是尝试着放下面子，走出去了，竟带来了意想不到的结果，也给自己及网点的全体工作人员带来了信心。”

对流量客户的识别，银行网点负责人就要从本网点厅堂的营销氛围着手，充分利用厅堂的每一寸空间，争取实现客户眼睛所及之处都能够精准地看到他们希望看到的产品内容。另外，也要努力培养网点工作人员的合作营销意识，比如，大堂经理多问一句，柜员多说一句，客户经理多聊一次，都能够极大限度地降低流量客户的流失率。从某种意义上来说，能够到一个银行网点来办理业务的客户都是优质客户，至少他们对这个银行网点已经有了充分的认知。如果这样的客户白白流失掉，那将是这个网点的损失。

从厅堂营销氛围着手的流量客户的服务与识别，可以从服务的可视化和营销体验化两个维度着手。

某高端社区附近的一个工行网点，把跟客户一起参加拓展活动的照片冲洗出来，在网点大堂制作了一个照片墙。很多来网点办业务的客户都对这个洋溢着欢乐气息的照片墙产生了兴趣，并知道这个银行网点会定期为高端客户提供户外互动等服务。由于对这种可参与性强、近距离的交流特别感兴趣，很多客户最终成为这个网点的金卡客户。

厅堂服务的另一个重要环节就是厅堂服务的软实力，关于这一点，大堂经理的作用至关重要。我们见过某些网点一副客户欠了她几百块的样子，见过对客户爱答不理的大堂经理，也遇见过把客户当亲人，脸上永远洋溢着灿烂笑容的大堂经理。

在某农商行辅导的时候，我遇到这样一位大堂经理：她总是满脸洋溢着笑容，无论来办业务的是老年人还是年轻人，都能跟她聊上两句，她能够清楚地记得所有经常来网点办业务的客户。

在我们开展营销活动的时候，她所在的小组获得了第一名，就是源于她在客户间长期形成的亲和力。营销活动一开始，她就对常来的一位客户说："阿姨，我们行搞活动竞赛，您帮我宣传一下，看看有没有您认识的小区客户，帮我带来登个记，办点业务。"后来这位阿姨几乎把她们一栋楼的邻居都带来了。能赢得客户这样的信赖，绝对不是短期内形成的魅力，而是长期、持续、高效、亲和的服务带来的回报。

以客户的视角进行客户分析定位

以客户的视角进行客户分析定位，是通过纵向思维来思考和定义客户。每个银行网点的营销核心覆盖面积是以网点为中心、方圆 500 米以内的距离。那么在这 500 米以内，最主要的客户是哪些？是以政府机关、工业园区为主的企业用户，以小微企业、零售商圈为核心的小微用户，以高端社区为核心的高净值用户，还是以老城区社区为主的中老年客户？网点周边客户以各种各样的形式呈现在我们面前，不同类别的客户有着不同的核心特质。只有精准定位网点周边的客户层面及客户特质，我们才能够准确地为其提供服务。

长沙银行某社区银行网点，坐落在高档小区中间，主要的服务群体就是这些高净值客户。这个网点负责人通过对周边的小区走访发现，这些高净值人士很不容易突破和接近，但是他们的父母却很容易拜访和接近。在通过一系列对客户的分析和研讨后，这个网点决定以这些高净值人士的父母为突破口，寻找与客户接触的好时机。

于是，这个网点工作人员每天早上就跟这些叔叔阿姨一起逛菜市场、问菜价、聊家常，白天在网点准备好茶水，等叔叔阿姨们送完孙子、孙女来坐坐聊天。时间长了，这些叔叔阿姨觉得中午自己在家里吃饭没意思，还不如几户人家一起结伴跟这些小姑娘、小伙子吃。于是这个社区银行网点每天中午都是一派与客户一起吃饭的其乐融融的景象。

这种营销不仅建立在产品的推荐和销售上，还建立在银行网点人员与客户之间的亲密度上，真正做到了融入社区。现在，这个社区银行网点的工作人员忙得不可开交，因为叔叔阿姨们给转介绍来的客户源源不断。建立在信任基础上的服务和营销再也没有屏障了。

以纵向的客户导向思维来实现银行网点营销的客户定位，通过深入研究和了解银行网点重点服务客户的期望值，来提升服务质量，制订营销计划，才能创造最佳的银行网点价值。以横向的银行网点经营思维来思考本网点的阶段服务营销目标，能够帮助网点管理和服务营销更有节奏感，效率倍增。所以，在网点的经营与管理过程中，最核心的人是客户，最重要的事是服务客户，只要做到一切以客户为核心，在指导思想上就一定不会走弯路。

○ 互联网思维是提升网点绩效的保障

互联网时代的到来，让整个世界变成了地球村，人与人之间接触的“距离”越来越短，“速度”越来越快。最令人兴奋的是，互联网为这个世界提供了更多的可能性，也让每一个在网络上互动的人都变得透明起来。如果把银行看作在网络上活动着的个体，那么银行也从原本神秘的仅仅代表“钱”的一家机构，变成了一个普通的经营“钱”和“服务”的门店。因此，银行所提供的产品，要突破以存贷款为核心的产品思维，要更多地考虑客户购买产品过程中的价值体验和价值参与，以服务促使产品价值的提升，以产品带动营销模式的变革。

在产品的结构和组合设计中，我们依旧要从客户的角度出发。这是一个信息爆炸的时代，客户获得服务和财富的渠道越来越多元化，客户对产品和服务的要求也与日俱增。像余额宝等互联网金融产品的出现，让客户更期待每天能够看到自己的收益入账。传统银行的柜台业务无法实现让用户实时看到自己财富增长的快感，这时候手机银行就变得至关重要。同时，“宝宝类”互联网金融产品的灵活性、高收益等特点也让客户在金融产品的选择上有了更大的空间。原本可以作为一般性储蓄存款的部分财富，都纷纷转向了互联网金融产品。因此，各家银行的短期理财产品及中间业务产品的宣传和销售就变得更加重要起来。

那么，什么是互联网的产品思维？在金融产品及金融衍生产品百花齐放的市场中，如何通过产品的经营思维来带动网点绩效的提升？我们认为，这就需要以“爆品”带动销售，以客户的视角来设计产品的呈现形式（如图 1 所示）。

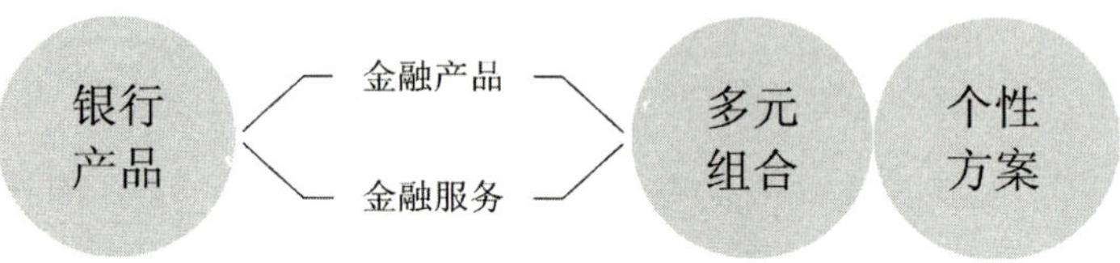

图 1　互联网时代的爆品思维

爆品思维

所谓爆品，就是指在某一阶段重点推动的产品，从网点的营销氛围营造到产品培训、产品推荐，银行网点的全体工作人员都以某一种产品、某一类产品为核心，实现业务的点对点的突破。卖爆品不是要卖单一产品，而是以一款产品的爆发性销售，提升银行网点人员的营销能力、营销氛围和营销业绩，进而实现其他产品的跟进销售。爆品的选择可以是银行推出的新产品，也可以是当下卖得最火爆的产品。

某商业银行在某年 7 月份的高考发榜季就曾经做过一次爆品营销，并且取得了非常好的效果。

该网点处于老城区的商业区中心，左右不到 200 米都有其他银行的网点，作为一个新开设的银行网点，业绩平平。在 6 月份高考结束后，此网点负责人就策划了一个营销方案：以手机银行带动开卡和存款的活动。

首先，这个银行网点进行了活动的宣导和产品组合的培训。重点教会所有网点成员使用手机购买电影票、生活购物和转账。并讲解手机银行的好处，分析大学生使用手机的习惯，从而实现全员营销通关。

第二步，他们对网点进行了布置：彩旗、条幅、宣传展架、活动彩页、礼品展示一应俱全，并在多种宣传工具上印上二维码，实现扫描即可下载、安装、使用，提升参与活动的便捷性。同时，他们还与网点周边的联通和移动手机销售点分别实现了异业合作，全力以赴推动手机银行的开通。

活动时间共10天，活动内容是：凡当年的高考学生，持录取通知书，即可参与办理手机银行送礼品的活动；当年的高考考生，如果到附近的联通、移动网点购买手机，也可来银行网点领取礼品（因为两家手机营业厅销售的手机里直接安装了该行的手机银行APP）。

银行网点的工作人员通过教会学生使用手机银行的过程，鼓励家长为学生开办银行卡。同时，有针对性地营销存款和定期理财产品，为家长建立从大学开始给孩子准备创业金的理念，也给孩子讲解如何运用手机银行实现零存整取，为自己培养良好的财富观。

通过这种网点营销及奖品的逐步升级，用10天的时间，这个网点成功开卡800余张，营销定期存款900余万元，累计客户档案建档1300余份。

这就是爆品思维，我们要站在客户的角度去考虑如何设计符合客户诉求的入门产品，以爆品带动周边业务的办理。这种爆品思维能够带动全员了解产品、学习产品，从不同的角度思考产品的价值，阶段性地推动业务的发展，是帮助我们营造全员营销氛围的最佳方式。其效果就好比用大图钉的尖端插入客户的诉求中，其效果一定比反过来使用大图钉的圆面刺进去要明显且有效。

从客户的角度来说，这种短期的爆品营销能够让客户更好、更快地了解银行的产品和业务，摆脱了客户由于不了解产品、连咨询都无从下手的困境。

在互联网时代，以往一些银行网点在产品营销中没重点、没氛围、没节奏的营销模式会逐渐被替代。产品营销是一场战役，选择对的时机、对的阵型、对的方法、对的人员，才能够实现战役的胜利。虽然现在每家银行的产品还存在一定的同质化，但爆品思维可以帮我们很快摆脱这种同质化的困境。

产品组合思维

互联网时代的产品思维，除了爆品思维，还需要精准的产品组合思维。如今的银行客户都具备一定的金融产品知识，购买金融产品也越来越理性化和个性化。在产品相对同质化的状况下，不同的产品组合形式为银行网点带来了新的希望和生机。

银行网点的工作人员要像饭店服务员一样，学会给客户“点菜”。一个做餐饮业的朋友面试服务人员的方式非常特别，他从来不看年龄、长相、从业经历，而会要求来应聘的服务员去给客户点菜，借此将应聘的服务员分为两种：

一种服务员A，客户点什么，服务员就写什么，基本上不会推荐，更不用说给客户提建议了。

另外一种服务员B，会在客户点了一两个菜后，开始推荐适合的配菜或者其他店内主打菜，还会帮客人参考所点的菜是否为荤素搭配，吃起来够不够，等等。

我的朋友说，同样是点菜，这里面的学问可大了。如果只听客户的选择去写下客户需要的菜，我们可以买一台自动点菜设备，服务员大可不用。而且，一般客户自己点菜时都是饿的时候，所以点荤菜比较多，很少荤素搭配。这样等菜上来后，顾客吃了一半就会觉得腻了。这时候客户不会认为是自己点菜有问题，他们会认为这家饭店做菜不好吃。但是，如果我们能够在客户点菜的时候帮客户做好推荐，并且把店内特色菜推荐一两款，让客户就餐时感觉回味无穷，就能够让客户持续光顾。

这个点菜理论很适用我们的银行网点。现在，很多银行网点并没有给客户设计菜单，更没有为客户提供符合个人口味的“点菜”建议，客户需要什么就给办理什么，偶尔推销一点产品，还都是省行或者分行要求推荐的产品。

这样做的银行网点就是服务员A，时间长了，客户吃腻了，就会考虑旁边那家新开的店。因为人总是寻求新鲜感的。要成为服务员B，银行网点的工作人员就要站在客户的角度来思考问题，从网点发展的长远角度考虑，以客户的真正需求为核心，能够和客户交换观念，提出解决方案。随着时间的推移和持续经营，能够以客户需求为核心的产品组合营销模式，必然能够为网点来带持续不断的经营业绩。

基于互联网产品营销思维和客户需求导向思维，银行网点负责人要优先考虑网点目前的客户情况，以及网点重要客户的特质，进而选择适合当下的“爆品”，并设计“产品菜单”，优化银行的产品结构，针对不同的客户需求提供不同的产品组合。只有基于这样的产品导向营销，才能够建立良好的网点营销氛围和培养优秀的营销人才。

○ 客户心智是网点定位的核心价值

没有灯塔的航船是危险的，没有目标的经营是失败的。在这个百花齐放的金融市场，找准自己的位置是每个银行网点负责人必须要考虑的。这是 21 世纪的“营销定位”理论为银行网点经营带来的十分重要的指导思想。任何一个品牌或产品要想在市场中快速被客户记住并站稳脚跟，最重要的是要占领客户的心智。

比如，当我们提到可乐的时候，大家都能够快速想到两个品牌，一个是可口可乐，一个是百事可乐。为什么很少有人想到非常可乐？真的是老大和老二打架把老三打掉了吗？其实不然，是我们这一代人，最早接触的可乐是可口可乐，紧接着进入我们心智的是一群年轻活力的偶像派为百事可乐做的广告，还有我们小时候经常写在同学录上“祝你百事可乐，一周七喜，美年达”之类的祝福语。这种占领心智的传播，是很难在客户的心灵中抹去的。而且这种心智型的营销模式，会让客户养成一种惯性思维，就是想到喝可乐就会想到他心目中那个印象最深刻的品牌。

你的银行、你的网点在客户心中是什么样的形象？这取决于客户第一次遇见你的时候你的表现。你在客户心中的形象也将决定在未来的市场竞争中你处于什么样的地位。就像找对象，如果对方见到你的第一面，你整洁大方，态度温和，充满贵族气质，那么就能迅速占领对方的心智，对方就会给你一个充满竞争力的定位。

未来金融市场的争夺战已经不是你的产品具有多吸引人的利率，而是你是否已经占领了客户的心智，是否能够持续维护和渗透你的核心理念给客户。银行网点的定位，就是网点的未来。

在我们的市场营销活动中，我曾经不止一次遇到了客户心智定位的困惑。

在随同某邮储银行的员工进行陌生客户拜访和开拓的时候，我们就在一个印刷厂被财务总监拒之门外。这位财务总监斩钉截铁地说："我是一定不会跟你们银行合作的！之前我们企业在遇到财务困难的时候到你们银行办理贷款，你们说得很好，但是最终还是没有贷下来。这直接影响了我们公司的发展，给我们带来了很大的麻烦。"

即使我们真诚地解释和劝说，这位财务总监还是没有被打动，她对邮储银行的认知还一直停留在五年以前。这种心智上先入为主的形象一般很难在客户心中改变。第一印象不仅在日常为人处世中至关重要，在企业的营销定位中更具有极强的影响力。

在营销定位的理念中，我们要做到的是抢占客户心目中对我行的优质形象部分，并且将这个客户认同的形象放大，再基于这样的优质形象进行品牌宣传、活动营销和形象塑造，最终实现客户终身价值的有效挖掘。

20世纪70年代前，美国的长岛信托公司作为在长岛唯一的一家金融机构，可谓当地最大的金融机构，它在长岛拥有的网点最多，赢利前景很好。但是到了20世纪70年代后期，一项新的法令允许其他银行进入长岛，导致长岛银行业的竞争越发激烈起来，长岛信托公司的地位摇摇欲坠。

一项调查显示，在众多大银行入驻长岛后，长岛信托公司除了业务量下滑，最可怕的是在长岛人民心中的心智效应下滑了。在关于“营业网点数量、服务项目、服务质量、资本量、方便长岛居民、有助于长岛经济发展”这六项指标调研中，长岛信托在前四项中排名倒数第一，只有最后两项排名靠前。

处于生死攸关时刻的长岛信托公司，抓住了客户心智中最重要的两点，打出了他们的定位牌。他们推出了这样的一个主题广告：既然人在长岛，为什么把钱存到城里？把钱放在家门口最保险，放在长岛信托公司，这样才能为长岛做贡献。毕竟只有我们致力于长岛发展，而不是为曼哈顿岛，也不是为科威特附近的某个岛屿。好好想一想，谁会更加关心长岛的未来？难道会是一家刚刚来到长岛，同时又在大都市里拥有数百个营业网点外加五大洲分行的银行吗？还是一家像我们这样，扎根长岛50余年，并且在本地开设了33个分理处的银行？

一系列的广告推出后，在客户的心智阵地上，长岛信托公司又一次占据了优势。15个月过后，又一次调查中，长岛信托在“营业网点数量”和“资本量”两项上分别跃居第一，在“服务项目”和“服务质量”两项上从第六名跃居第四名。并且大量的客户也纷纷表示他们对这样的宣传非常满意。

由此可见，最佳的营销方式就是占领客户的心智。你在客户心智中处于哪个位置？你的银行网点的定位是什么？当我们向身边的银行网点负责人提出这个问题时，大部分网点负责人是迷茫的，他们很少想到自己的网点还需要有一个明确的定位，更不用说详细地剖析银行网点在客户心中的心智效应了。

网点定位就是银行网点发展的愿景，是被每位员工、每位核心客户都认同的。一个优秀的定位能够渗透到银行网点的经营、管理、服务、营销各个方面。客户可以通过任何一个维度来了解这家银行网点是一家什么样的网点。当我们的网点形成了较为明确的定位后，接下来我们就要快速占领客户心智。

银行网点的定位要简单、明了，最好能够用一句话说明网点定位的核心价值。

华润银行某网点的负责人是一位80后优秀管理干部，他是通过竞聘来到这家网点工作的。在初上任的那段时间，这位负责人着实为难坏了。因为一条街上有5家银行的网点，而他所在的银行网点是客户最少的，也是业绩最差的。整个网点的工作氛围也很低落，大家都觉得反正就这样了，还不如一起混日子算了。

这位不服输的80后管理者，深入透彻地分析了网点周边的经营环境、华润银行在当地的优势，以及本网点人员的核心竞争力，进而总结出自己银行网点的定位：为当地高端客户的首选艺术网点。这个思路一提出，整个网点的人都觉得领导疯了，但是通过他深入透彻的解读，还是有一部分人被吸引了，大家决定一起试试。

事实上，该网点所处的位置是一个高档社区的核心生活服务区，在网点出入的客户都是非常有品位的企业主和一些有艺术范儿的知识分子。面对这些客户，该行的部分理财产品及大额存储业务非常具有核心竞争力，只是当时大部分客户并没有了解到行内提供的服务，所以错失了很多机会。在人员方面，该行的理财经理是一位不善言谈但学富五车的人，写一手好字，画画也很棒；而大堂经理能歌善舞，非常具有文艺才华。这些人才不人尽其用是非常可惜的。

经过一番深入透彻的分析与设计，这家网点进行了一系列整改：将原本冷冰冰的座椅，换成了舒适且有艺术感的沙发；原本做产品展示的营销栏换下了印刷品，改成了艺术字和手绘海报；厅堂读物也从破旧的《读者》改成了《名人》《汽车杂志》等；理财经理的办公室多了一张茶台，让客户能够坐下来细细品茶，进而更深入地与理财经理交流。

改造结束后，网点针对高端客户展开了一系列活动，比如，看电影、品茶、喝咖啡、喝红酒、举办各种各样的讲座和沙龙等。理财经理通过他独特的魅力也吸引了大批客户愿意来喝茶谈天。网点还购买了卡拉OK设备，偶尔晚上沙龙活动后，客户和大堂经理还能高歌一曲。每到周末，这个网点本是要休息的，但是网点负责人会下载热门的电影到网点来跟大家一起观看，既邀请客户也邀请网点的工作人员。于是，很多网点的工作人员就会带着孩子和家人一起来网点看电影，同时还能和客户其乐融融地沟通。

这样，越来越多的客户走进了这个银行网点。通过一年多的经营，周边的很多客户都以到华润银行的网点办理业务来表明自己的品位和身份，该网点也实现了300%的高端客户增长率。这就是一个网点通过有效定位，从经营环境到工作人员全方位改变后带来的真实结果。

这种精准的定位源于对客户的深入分析、对产品的精准解读、对每位员工和网点经营环境的透彻了解。要做好网点的经营定位，我们首先要了解客户的需求及在客户的心智中我们的定位，如果在客户还不了解我们的时候，第一印象就变得至关重要。

只有这种精准的定位，才能够带来更高的收获。同时定位切忌大而全，任何一个经营主体都无法满足客户的全部需求。越是要求在一个网点实现全部客户诉求的经营理念，就越容易没有方向性。在互联网时代，失去了精准定位就等于失去了核心价值。一个没有核心价值的网点很难在激烈的市场环境中立足。在网点的经营管理中，一定要明白有舍才有得的道理。

定位不是网点负责人一个人的事情，是网点全员在营销管理上的意识统一。在给网点进行定位的时候，最好的方式就是先举办一次头脑风暴会议，让每个网点员工先来说说自己心中的网点最佳定位。通过大家的描述，寻找被提及最多、关注度最高的词汇。最后，这些提炼出来的词汇形成网点初步的定位，再通过标准的工作步骤和服务流程来诠释这个定位。同时，在日常工作过程中，不断改善这个网点定位。这个过程也可以让核心客户参与进来，客户的建议也能够帮我们更精准地找到自己的定位。

以网点定位为核心的网点形象一经塑造成功，必将快速占领核心客户的心智，就像在客户心中埋下了一颗种子，通过每一次的客户服务来浇灌这颗种子，最后在客户的心中长成参天大树。在未来的某一天，网点必将收获丰硕的果实。

为网点做好定位的最核心要素是我们首先要对我们所在的网点进行 SWOT 分析。我们为大家准备了一个网点 SWOT 分析图表（如图 2 所示），您可以通过填写这张图表，来重新审视您的网点，并为您的网点制定一个被客户喜爱的定位。

图 2 网点定位的 SWOT 分析图

○ 我国银行网点定位的四大类型

为了方便大家更好地了解网点的定位，我们根据现有银行的网点经营情况及网点组织结构情况将我国的银行网点定位为四大类网点，并且为这四大类银行网点分别定义了网点的“四化”（如图 3 所示）。

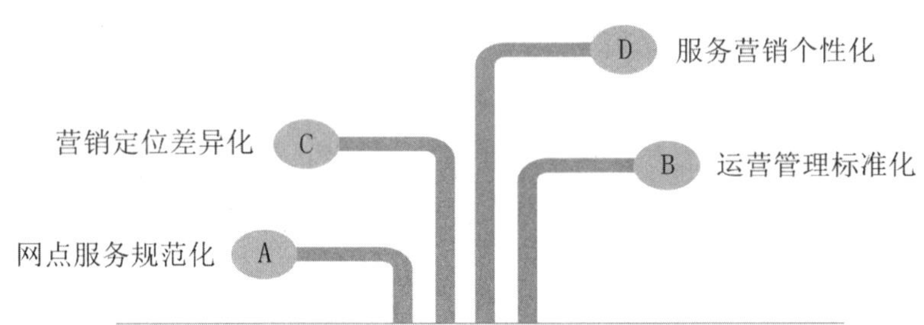

网点转型的“四化”贯穿在整个网点转型的过程中，只有基础夯实的网点才能够一步一步实现转型，我们无法跨越任何一个转型的过程。

图 3 网点转型“四化”

传统型业务分理处及部分银行的小微网点

这类银行网点以实现银行业务办理的基本功能为核心，主要完成的是一些存取款业务的办理，无法满足一些特殊客户的需求。网点的功能设置极其简单，员工数量很少。

在某银行进行网点辅导巡点的过程中，我们遇到这样一个网点：网点的地上堆放着一堆盒子，不知道里面是什么，上面飞着苍蝇；柜台上有客户办理完业务留下的号码纸；网点正面门口的墙上歪歪扭扭地挂着A4纸打印的营业执照；一年以前的条幅挂在柜台上方，落着厚厚的一层灰；已经褪色的海报卷着边挂在左手边的墙上，显示着他们曾经搞过活动；右手边是一个破旧的电脑桌，上面有一台台式电脑，旁边一个小牌子上写着电子银行体验区，我打开电脑，主页竟然是“Hao123”。

从我进入这个银行网点到我从这个网点出来大概15分钟的时间，两个柜员在柜台里聊天聊得非常开心，根本无视我的存在（当时网点就只有我一个客户）。

大家一定觉得奇怪，现在还有这样的网点吗？非常抱歉地告诉大家，不但有，而且数量还不少。也许有的网点不至于差到这个地步，但是对于基本的网点厅堂6S管理是没有系统培训并且落地执行的。

这个银行网点的工作人员不要说营销了，就连最基本的服务能力和清洁能力都不具备。一般这样银行网点的网点负责人只能自己扛起整个网点的营销绩效，根本谈不上网点的日常管理，甚至还要整天生活在各种抱怨声中。

对于这种传统型银行网点，我们首先要做的就是管理规范化。要做到银行网点的规范化经营，网点负责人先要转变自己的定位，从推销员转变成网点的管理者。作为管理者，要把工作重心从业务推动转变到网点日常经营管理上来，要深刻意识到磨刀不误砍柴工的道理。

规范化的服务、管理会给银行网点带来新的气象和感受，不仅客户会在原有的心智上为网点加分，最重要的是，网点工作人员在一个良好的环境和规范的标准下，也能够创造超出想象的业绩。

除了软环境的规范化管理，从网点功能区设置、网点6S管理和服务品质管理方方面面都要实现最基础的银行服务功能。规范化的网点是最基本的银行营业网点，在基础功能实现之后，我们要更多地考虑银行的品牌建设。

已经根植规范化经营，但是在业务上和赢利能力上没有很大突破的综合业务网点和零售网点

我曾经去过一个城市的所有邮储网点，发现在这个城市的每个网点都存在一个问题，那就是客户等候座椅的朝向都是侧向柜台的。于是我发现，几乎所有的客户都手持一张等候小票，艰难地扭头看着柜面，生怕自己因疏忽听不见叫号。

我问网点负责人为何一定要把座椅侧向柜面，他回答我说，这是之前的规范化老师在辅导的时候要求的，认为如果座椅朝向柜面，会给柜员带来压力，客户也会很焦虑。

瞧，这就是典型的规范化与标准化的差距。

很多行长只知道规矩是这样的，却根本没有了解其中的根本原因和问题所在。事实上，座椅侧向的考量确实是要解决柜员压力的问题，并且也能减缓客户的等候焦虑。但这需建立在一个基础上，就是客户直面的地方有转移视线的等候屏或者电视、宣传资料等物品，才能够缓解客户焦虑。

邮储银行大部分是中老年客户，在网点布局上，座椅前方并没有任何可缓解客户焦虑和等候提示的东西，网点又偏大，人流量大，声音嘈杂，很容易错过叫号。所以老人们都艰难地扭转头朝向柜面。这种情况非但没能缓解柜员的压力，反而给客户造成了不便。这就是为了规范化而规范化的网点存在的又一误区。

网点的标准化建立在以客户导向为基础的网点经营环境和营销环境的设置之上，通过提供客户所需的服务，最终实现网点经营或者营销的目标。

标准化网点的打造可以完全依照我国现有的百佳网点或者千佳网点的标准来打造。

我曾经到过广西的某家百佳营业网点，一进入大堂就感受到这个网点热烈的营销气氛及贴心的服务氛围：网点的厅堂整洁、明亮；电子银行体验区旁边有“手机加油站”，电子银行的体验机器是iPhone真机；两部手机上都有虚拟账号，客户可以直接体验电子银行的转账便捷；门口摆放着一台碎纸机，可以让客户把不要的单据碎掉；厅堂的绿植一尘不染，就好像刚刚被擦过一样；每个叫号屏都是新式的电视屏幕，一半用来显示叫号信息，另一半循环播放银行的宣传片和周边合作商户的宣传片；高端客户休息区有多种饮料可供选择，电视播放着跟厅堂一样的信息，桌面摆放着区分女性和男性阅读偏好的各类杂志。我们一进到贵宾休息区，他们的客户经理马上就跟进来给我们倒上水。

这种无论从服务功能、营销环境还是软文化建设上，都可以说实现了银行的标准化建设。以客户的需求为核心，让人有一种还想再来这个网点办业务的冲动。

具有一定差异化的社区银行和零售网点

这种银行网点以目标客户群的差异化需求为核心，着重打造网点与周边网点的经营形式、产品服务等多方面的差异化。

一般来说，社区银行和零售网点具备这个优势，也应该打造出这种差异化。零售银行、生活金融、社区银行是各大银行突破中国金融服务的最后一公里，那么在网点服务、产品结构设计及网点厅堂设计等各方面，必将与传统网点具有很大的差异，这种差异是帮助我们精准定位客户的关键。

在珠海的某社区银行网点，就完全依照目标客户群体的具体特征，对网点的服务功能区及营销区进行了改造，真正意义上实现了社区银行的差异化。

一走进这家银行网点，你能看到的就是一群孩子在堆沙子，玩小沙桶；左边是一个书房一样的隔断，里面有很多可以免费借阅的书籍，有供客户饮用的茶水和咖啡；右边有一个棋牌休息区，主要是供老年人下象棋。在这家网点，能感受到其乐融融的家庭生活氛围。

这个社区银行坐落在一个新社区中心，周边大部分客户都是刚刚生孩子不久的年轻家庭，还有来照顾孩子的爷爷奶奶们。所以这家银行网点就以家庭为核心进行社区银行的服务打造，让银行成为客户外出散步或者日常休息的重要场所。这种到店率的快速提升，也拉动了网点业绩的提升。

社区银行的工作人员对客户来说，更应该像家人和朋友，而不单纯是客户与银行服务人员之间的关系，基于这种深层次的客户关系的建立与维护，社区银行才能够真正实现最后一公里的营销目标。

基于大数据和客户个性化需求而打造的个性化智能型网点

这也是一种银行网点发展的趋势和猜想。现在我国已经有部分银行实现了智能化网点的打造。如建设银行的智能型网点，大部分网点的业务都是由电子化设备来进行处理的，网点的大堂经理更是以店长的身份出现，服务的工作职能要大于营销的工作职能。

马来西亚的 Easy Bank 也是依据客户个性化需求而打造的社区型个性化银行网点，Easy Bank 的大部分网点都是主题生活网点，比如篮球主题馆、化妆主题馆，等等。这类网点的服务完全是针对客户的个性化需求而设计的，并且网点没有工作人员全天候值班管理，只是定期有人来网点进行相关的维护而已。

这种网点以功能性服务为核心，需要精准地判断客户的需求。个性化网点的打造将会成为我国银行网点发展的又一特色。

当然，我们这里所指的网点个性化打造不完全是智能化建设的网点，我们所理解的个性化网点建设更多的是要依据目标市场的细分，以细分的客户群体为核心，以客户群体的主要服务需求为重点，来打造具有核心价值的个性化银行服务平台。这种个性化的银行网点可以是一个网吧，一个社区健康中心等。在个性化银行网点打造的过程中，越不像银行的银行网点，也许就越能够成为一家好的银行网点。

基于以上四类银行网点的介绍，大家可以找到目前自己的银行网点所处的具体阶段，并且清晰地了解在下一个阶段中，银行网点的发展目标和经营战略。对银行网点负责人来说，能够精准地定位自己的银行网点，并且能够持续做好本网点的阶段性目标建设是非常重要的。

我们不能逾越银行网点四化中的任何一个阶段而向下一个阶段发展。规范化的银行网点是基础，标准化的银行网点是储备，差异化的银行网点是发展和建设，个性化的银行网点是网点发展的最终目标。任何一个阶段都是下一个阶段更好发展的基石和储备。网点的发展除了功能结构的快速调整，还需要人员素质的快速提升，两者缺一不可。

●● 互联网金融是“敌”还是“友”

○ 趋势决定未来，正确对待互联网金融

未来 5 至 10 年，银行的主要客户将以年轻人为主。这些年轻的客户伴随着网络成长，他们认为这个世界本该有网络，这个世界本该多姿多彩，这个世界本该个性化。而互联网金融产品的出现满足了这些客户对便捷、个性、变化的诉求。所以说，互联网金融是顺应趋势而产生的产品，也是未来发展的必然。所以了解趋势，掌握趋势，跟随趋势，使我们的产品成为顺应趋势和主流客户群体诉求的产品，使我们的服务充分满足个性化的服务诉求，是每个银行从业人员要重点思考的方向。

那么未来的银行网点服务是什么样子呢？让我们一起来设想一下。

银行卡和现金将会逐渐淡出市场，因为移动终端和电子货币将逐渐成为消费的主流；P2P 的支付将会越来越多，也许会占据

我们日常资金流和消费的 70% 或者更多。

每个人都是一家移动的银行，客户可以随时掌控自己的电子钱包，电子钱包不仅可以消费，还能够随时购买其他形式的金融产品；当一家企业要推出新业务时，也不需要跑到银行来贷款，一些小额的金融需求，只在朋友圈进行一次小规模的众筹就搞定了。

银行能够实现的存取款和转账功能，微信和支付宝也早就能够实现了。现在大部分人在给朋友或者客户转账时，都已经习惯了使用微信或者支付宝的转账服务。

这些显性的特征都在向我们彰显未来银行的发展趋势及我们即将面临的变革。每个人都可以成为一家银行，办理基础的存储业务已经不能作为银行网点的主要功能了。

基于这种趋势的假想，未来的银行网点设置也会跟现在大不相同，有的网点是一家咖啡厅，有的网点是一个家庭休闲场所，有的网点是商务会谈的重要场所。网点里的工作人员再也不会跟客户隔着一张冷冰冰的柜台了，一些私密性的业务可以在客户经理的办公室里洽谈。网点的工作人员可以一边喝着咖啡，一边和客户聊一下现在的理财趋势，并且可以在手机银行终端协助客户购买并办理业务。在网点客户聚集人数较多的时候，还可以跟客户一起举办一个小型沙龙。

也许你会说:“这根本就不是银行。”你说对了，在互联网时代，银行网点已经打破原来以业务办理功能为主的营业服务渠道的定位，更多的功能要体现在金融服务和生活服务等方面，要打造成基于互联网时代银行与客户之间的链接桥梁和服务渠道。

我们从两家银行的价值观来看看银行业这几年的飞速发展。招商银行是大家都非常熟悉的优秀的股份制商业银行，招商银行“因您而变”的核心价值观曾吸引了大批80后客户成为其铁杆粉丝。

招行的信用卡业务也曾引领我国信用卡市场的发展潮流，任何一位客户都能够在招商银行的网页上找到符合自己需求的信用卡。这种以客户需求为导向的产品设计把市场营销的理念体现得淋漓尽致，也使这家优秀的银行占据了较高的市场份额。

2015年6月，网商银行正式获准开业，一则广告一夜之间引爆了朋友圈，网商银行打出的口号是“我就是你”。更入骨了吧？更通透了吧？不难想象这样的变化意味着什么，广告宣传里，网商银行丝毫不加掩饰地披露了网商银行专注服务小微商户和农民的决心。

他们基于大数据的处理技术，只要你是网商银行的客户，只要你曾经拥有过金融消费和使用记录，他们就能够算出你的信用，就能够为你提供贷款。这种服务的变革不仅是技术创新为我们带来的更大发展空间，最重要的是基于这种服务而产生的客户黏性要远远超过传统意义上的银行网点的经营。

所以，什么是未来？客户的诉求就是未来。什么是趋势？互联网金融就是趋势。靠大数据来进行厘定与计算，告别烦琐的表格与制度，让金融成为为社会服务的工具。

给钱一个新的定义，钱不仅是一个流通的纸币和结算工具，互联网金融让钱变成了一种记录过去和未来的金融数字。你账户里的每一笔钱都不再那么冷冰冰，它可能代表你的生活、你的工作、你的爱、你的付出、和你相关的方方面面。互联网金融是我国乃至全世界都必经的一个金融产业的变革和未来。

屏幕、交流、数据、链接、互动是互联网时代带给我们的重大趋势性变革。每一位金融从业者都要以最快的速度来接受这样的变革。要成为互联网金融行业的佼佼者，我们需要从思想到行动都能够搭上互联网金融这班高铁。

除了网点，客户还能通过哪些方式与我们交流？现在很多银行都有自己的微信订阅号、服务号，交流变得更加轻松便捷。每一部手机都是一家银行的终端服务站，你的 APP 是否活跃在客户的手机里？隔着屏幕，你为客户提供了哪些服务？触摸会让客户多一层感受，也能够帮我们更有效地培养客户习惯。

大数据时代，我们如何有效运用数据带给我们的价值？客户的服务偏好和服务功能如何通过大数据传递给我们？数据处理速度和数据掌握能力都将决定每家银行的服务水准。O2O 的服务形式可能为很多网点带来了巨大的挑战，但也为网点的发展带来了机遇。

一切商业变革与发展的根本动力就是市场需求。在互联网时代，即使我们有万般借口，也无法逃避互联网金融对行业的整合。所以，作为金融行业的职业经理人，要同时面临新常态经济带来的国民财富结构的调整和互联网金融带给行业的严重冲击。

这种变革是场严峻的考验，只有了解趋势、掌握趋势、跟随趋势，最终才能引领趋势。既然互联网金融是未来发展的必然趋势，那么，作为网点负责人就要建立正确的互联网思维和服务意识，利用互联网这个工具实现网点的进一步发展。

○ 互联网金融是客户价值的分割线

根据尼尔·雷克汉姆顾问式销售的客户分类标准，我们亦可以把银行的客户分为内在价值客户、外在价值客户和战略价值客户（如图 4 所示），这是突破传统意义的客户定义方法，以规模来定义客户，非常实用也非常核心。这种客户的分类，帮我们节约营销资源，提升营销效率，能够更好地为各类客户提供服务，自然就会创造超出想象的营销价值。

内在价值客户是对效率、成本具有偏好的一类客户，他们更倾向于不要将钱花在“所谓的服务”上。他们期待银行能够最大化地节约成本，为他们提供便捷、优惠的产品服务。能够在 ATM 机上实现的功能和业务，坚决不到柜面办理；能够在网络银行和手机银行上实现的转账，连网点都不要去。

	内在价值客户	外在价值客户	战略价值客户
信任什么	信任产品（差异化、特别）	信任个人	信任银行
做什么	为他们提供可靠的、易获得的、廉价的产品	明确客户需求，并寻找匹配产品	成为银行的忠诚客户，共享未来成长
以什么为基础	产品的性能和个人关系	个人的专业知识，以及跟踪服务解决问题的能力	企业价值和核心竞争力
服务方式	避免骚扰，可以通过互联网方式服务，产生弱链接	不断推荐产品，进行调配，最好是面对面服务	面谈及方案为主，长期而多渠道接触与服务

图 4　银行网点的三类客户

银行的工作人员不需要花很多时间解释自己的理财产品，只需要把产品以一种内在价值客户喜欢的方式，在这类客户喜欢的时间段内呈现给他即可。

针对内在价值客户的诉求，仅靠网点简单的服务品质提升、高效的客户分流是无法满足客户需求的，所以各大银行纷纷通过手机银行来占领这块移动银行的高地。APP 里的功能也越来越多，在新一轮的互联网银行攻坚战中，手机银行也只是一个开始。

为了更好地识别内在价值客户的服务需求和产品需求，阿里巴巴、淘宝网及京东等互联网巨头分别推出了产品对比功能、大数据推送等各种能够满足客户需求，并能够精准服务客户的互联网产品功能。这种精准的服务越来越得到内在价值客户的喜爱，让内在价值客户能够更高效地选择符合自己需求的产品。基于对互联网服务的依赖，内在价值客户越来越倾向于选择互联网金融服务。

我的一位阿姨是大学老师，她从学校退休后一直使用银行的基础服务，对银行网点的需求也不过就是存取款。听到阿姨抱怨最多的就是银行网点为什么不多开几个窗口。

今年春节期间，我意外地发现阿姨竟然也开始用微信了。与她聊天时，阿姨问我怎么用微信发红包，说过年了，小孙子让她给个红包。自从教会了阿姨绑定银行卡和发红包之后，我发现阿姨家的网购也越来越多了，甚至阿姨已经开始学会在微信的理财通里购买基金进行家庭理财了。

可见，互联网金融的服务功能是非常强大的，这种强大源于满足了内在价值客户的具体诉求，让内在价值客户可以随时随地地进行自主选择。

所以，大数据时代的好处是我们可以通过客户的采购渠道和采购方式实现对客户准确的价值判断，通过数据处理后，我们可以精准地测算客户购买偏好，为客户提供最个性化的解决方案。在未来，金融行业比拼的将不仅仅是金融产品和服务，还有金融产品的呈现方式。

于是，在网点服务无法得到满足的内在价值客户群中，我们为其开辟了一条更快捷、更方便、更便宜的服务渠道——电子银行。它以一位卓越的大堂经理的身份陪伴在客户身边，随时随地提供客户需要的任何银行服务。因此，对内在价值客户来说，银行价值升级得越发明显。

很多网点负责人看到这里都会感叹，自己多年培养的客户和打造的网点优质服务是不是就因为互联网金融而毁于一旦？我个人觉得，大可不必担忧。因为我们本节讲的是互联网金融帮我们服务内在价值客户。而根据顾问式营销的客户群定义，还有两类客户是需要网点服务的，一类是外在价值客户，另外一类是战略价值客户。

网点管理者不但不需要因为互联网金融的存在而担忧，恰恰应该合理地运用互联网的服务手段帮助自己做好三类客户的区分，同时借助互联网的服务渠道更好地完成网点的客户服务与客户管理。

既然互联网金融能够有效地服务内在价值客户，那么对那些每次因在网点等候而焦虑不安的客户，我们需要做出有效识别，并协助客户办理和使用手机银行和网上银行服务。这不但能够减轻网点的服务压力，更有助于我们与客户保持长期的链接。另外，网点的客户经理和大堂经理应该养成加客户微信和微博的习惯，让二维世界的互动无处不在，同时也可以有效利用互联网的客户链接实现O2O 的活动营销。

假如有一天，各大银行根据大数据的统计测算出要在几点几分向某位客户推荐一款什么样的产品，以一种什么样的呈现形式客户会更容易接受，这将会是怎样的一种场景？这种精准的内在价值客户服务能够帮助我们快速完成营销动作，让客户体验更贴心、便捷的产品和服务。

基于这种假想，网点的定位在互联网时代就变得越发清晰可见了。由于互联网金融已经高效地服务了内在价值客户，那么外在价值客户的服务需求就需要在网点服务管理中被放大。标准化的网点服务将逐渐被淘汰掉，只有提供差异化服务的精准定位的网点及个性化的社区网点在未来的网点服务中才能有市场。

○ 互联网金融是网点服务价值的延伸

对互联网金融给银行网点经营带来的冲击，我相信每位银行人都能够充分感受得到，因此，很多人就把互联网金融当成了敌人，担忧互联网金融会不会抢了自己的饭碗？会不会因为有了更便捷、更轻松的服务终端，银行人的价值就不复存在了？

其实，我们大可不必有这样的担忧。美国的互联网产业、互联网金融要比我国发达几倍甚至十几倍，美国的整体国民互联网利用率也高于我国。即使在这样的国家，我们还是欣喜地发现，70% 的客户仍然会选择到银行网点办理业务。这是为什么？

因为网点服务为客户创造的价值远远高于互联网服务。互联网服务虽然便捷、快速，能够满足客户很多需求，但是金融服务毕竟永远无法脱离的就是风险，互联网金融在规避客户投资风险、人性化、个性化服务等方面仍然无法与网点服务相媲美。

事实上，互联网金融帮我们缓解了一定的柜面服务压力，分流了一批内在价值客户，让网点的工作人员能够更专心地为外在价值客户及战略价值客户提供差异化、个性化服务。

在中国这块幅员辽阔的土地上，我们大可不必担忧互联网金融抢占我们的市场，但我们仍然要拥有一种危机意识，互联网金融要求每位银行从业者更加专业、敬业。

互联网服务终端的使用，让客户充分感受到了方便、快捷的7×24小时终端服务，自然也对网点的服务产生了更高的期望和要求。

所以，作为一位优秀的银行从业人员，我们要考虑的不是如何与互联网金融为敌，因为趋势我们是无法改变的，我们要思考的是如何有效地利用互联网金融，帮我们把柜面搬到客户的身边去。

我有一位朋友是多家商业银行的高端客户，在一次谈话中，我们提及他更喜欢在哪家银行办理业务时，出乎意料地是，他并没有马上跟我们点评各家银行的产品和网点经营。

他讲了一个对客户而言很重要却往往易被银行人忽视的要素——客户关系。他说，在为他服务的5家银行里，其中4家银行的客户经理加了他的微信。4位客户经理中，只有一位坚持每周固定时间给他推送一些服务或者产品。时间久了，自然而然和这位客户经理之间产生了一种奇妙的“弱链接”关系，虽然并没有经常见面，却总能够记起这位客户经理。当然，只要需要办理业务，也非常容易想起这位“关系”比较近的客户经理。

互联网平台的存在，为我们带来了一种能够在不打扰客户的前提下，为客户提供服务、介绍产品的可能性。但是大部分客户经理和网点负责人却忽视了这个渠道。在我们与学员沟通的过程中，大家都在抱怨“加了客户的微信，但是客户从来不回复”。这是因为二维空间的服务渠道不同于三维空间，三维空间的交流是即时的，而二维空间不需要即时性，只要我们的信息传达到了，就总能有机会被客户接收到。一次、两次、三次，只要坚持，就能够一直与客户维持一种“弱链接”的关系。

现在几乎每家银行都有自己的微信订阅号，甚至有些网点也在做自己的订阅号。但是，关注量如何？文章的阅读量如何？客户转发概率如何？我习惯在课堂上问我的学员，其中包括网点负责人和客户经理，我问他们的微信朋友圈里有多少客户。让我失望的是，我培训的几万名学员的朋友圈平均客户数不超过 150 人。在一个自媒体的时代里，我们的朋友圈客户数量如此低，何谈客户服务？哪里来的服务传播与转介绍？

移动互联网提升了人与人之间连接的便捷度和可能性，减少了信息的不对称性。基于这种变革，我们应该思考如何为客户创造价值。

在互联网时代建立属于自己和本行的品牌形象尤其重要，这种形象的建立源于不断的客户反馈，一个网点负责人或者客户经理一定要有一批黏性很强的客户。基于此类客户的服务诉求，网点负责人和客户经理可以逐步矫正服务的标准，更加精准地实现客户服务的个性化，同时，通过不断充实和完善的职团类客户，塑造个人口碑和形象，最终可实现同质客户的批量转介绍。

要实现网点互联网服务并不难，只需要我们把服务进行互联网渠道延伸即可。原本在网点实现的视觉服务，可以通过朋友圈转发和定向推送，将图片化信息传递给客户；原本产品的推荐只能被动地等待客户上门，通过互联网渠道可以随时随地进行产品介绍；原本网点服务只能在营业时间进行，通过互联网金融服务渠道，可以实现 24 小时的客户无缝对接；原本产品推荐需要对每个客户讲解一次，现在只需要编辑一次推荐话术并群发，再进行精准地客户筛选即可。这都是互联网带给银行网点的更大的服务便捷性和可能性。

当然，这种便捷性和可能性是通用的，任何一家银行、任何一个网点负责人只要具备互联网营销意识都可以游刃有余地完成这项工作。

所以，网点负责人要不断提高自己的互联网营销思维和管理思维，文字编辑能力是最重要的。如何编写推荐软文引起客户进一步了解的兴趣？何时发送资料更合适？与客户这种弱链接的建立通过何种形式形成理念渗透？网络服务的频次如何设计得更加合理？这些都将成为互联网时代网点负责人的又一个巨大的课题。

在本书关于营销和服务的部分，会分别为大家阐述互联网思维及互联网营销如何有效地与传统网点相结合。作为网点负责人，我们只需要坚信并坚守一个核心：互联网是一种工具，这种工具的使用对人的基本素质要求更高，对企业的核心价值要求更高。

●● 转变经营思维，实现管理突破

○ CIS 管理提升银行网点的服务价值

银行网点服务的CIS 管理，是基于大组织的CIS 管理衍生出来的网点形象统一识别系统。这个识别系统一方面对银行的整体形象塑造具有极其重要的意义，另一方面对客户全方位了解银行业具有决定性的意义。

CIS系统包括三个部分（如图5所示）：一是基于各行经营管理的理念系统（Mind Identity，MI），其中包括经营策略、信条、文化和银行精神；二是来自于网点的活动系统（Behavior Identity，BI），包括对内的宣传、教育、培训，以及对外的广告宣传、公关活动等；三是网点的静态可识别图像的视觉系统（Visual Identity，VI），是在MI、BI的基础上，将银行的形象概念以具体课件的图像来表现，体现在各个网点范畴内。

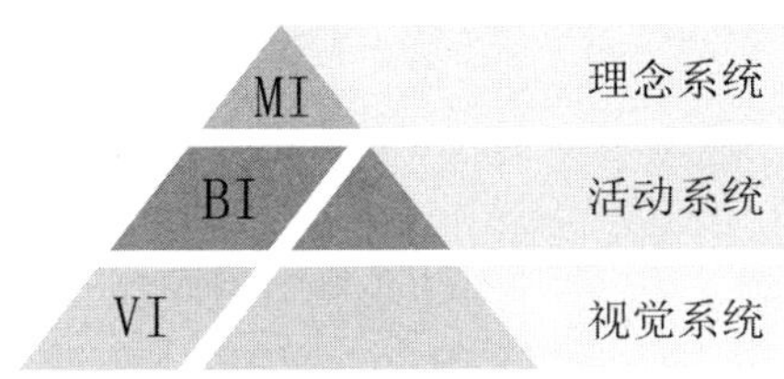

图 5　网点的 CIS 管理系统

CIS 系统是所有组织对外形象建立的基石，银行作为一个公众金融服务的平台，对 CIS 的管理更要关注和加强。良好的 CIS 系统能够给客户留下良好的印象，并通过我们的识别系统让客户产生心理联想，例如我们想到建设银行，就会想到蓝色，来自于蓝色的感知就是严谨，而我们每次看到招商银行的向日葵花都会想到积极和阳光、中青年客户定位及“因您而变”的价值思维。

这种价值理念的塑造是通过整个 CIS 系统每个环节的有效匹配、严谨执行而最终实现的。打造成功的网点 CIS 系统，要以本行理念系统为核心，通过网点营销与服务的活动系统，以及网点静态识别的视觉系统的有效结合，最终实现协调统一，给客户以统一的价值形象。

理念系统

企业的理念系统包括经营管理理念及最高的指导思想。每个银行都有自己的目标客户群体和营销理念与策略，例如交通银行的经营理念就是“您的财富管理银行”，所以作为交通银行的客户，我深刻地体验到了交通银行优秀的理财服务，无论是产品结构、客户服务、营销方式，都处于同业竞争的优势地位。网点的MI管理与设计需要基于总行及分行的营销策略和经营理念进行细致的部署与调整。MI要融入整个网点的经营与管理之中，理念的有效传达不仅来源于客户的有效识别，更来自于员工自我的有效识别。

这种价值观的传递是隐形于表象之下的一种能量传播。以服务为导向的网点，员工就一定会面带微笑，提供优质服务；以产品为导向的网点，员工的产品解读能力和推销能力就会非常强。所以，当我们走进不同的银行网点时，基于理念传播的能量也会影响客户的价值判断。

活动系统

网点的经营理念与指导思想如何有效地传达给我们的员工和客户？这就需要通过活动系统来完成。比如我们招聘员工，会通过培训、会议、辅导及激励政策等动态行为来帮助员工更快地了解企业文化并进行自我提升。同样，面对不同的客户，我们也需要通过系列的网点经营与营销活动来帮助客户实现价值识别与认知。

我曾经给某商业银行的新入职员工进行培训，培训结束后，一个很优秀的男孩子跟我聊天，他说他之前曾应聘到某国有银行工作，本来是件很荣耀的事情，可是到单位不到两个月，他就选择了离职。原因就是每天跟老员工在一起听到的都是对行业的抱怨，对领导的不满，对行内各种制度和活动的抵触。作为一名刚刚毕业的大学生，他很怕自己也会变成这个样子。他说："什么样的文化打造什么样的团队，什么样的团队带领什么样的员工。我是一名员工，我改变不了环境，只能改变自己。"

听到这个学员的无奈，我为那家国有银行失去这名员工表示惋惜，也为他能够有这样的思想而心生钦佩。他来到这家股份制商业银行，虽然银行并不大，但是他所学、所思、所想都能够与这家银行达成和谐统一，在新员工培训的过程中，他表现得也非常好，并获得了嘉奖。

员工亦是我们的客户，而且是我们最重要的优质客户，从员工的招聘、培训、辅导、激励等任何一个方面，我们都要努力传递银行的经营理念和文化，让 BI 系统的内部驱动有效带动外部驱动。

视觉识别系统

视觉识别系统是帮助客户和员工有效识别和记忆网点的形象，它包括所有客户的可视范畴，从网点的 Logo 到办公桌的摆设、网点人员的着装、功能区的设计，以及营销活动现场的每个细节，都是 VI 系统的涵盖范畴。

客户会通过每个细节来判断银行网点的服务和价值，例如银行本应是一个严谨的金融服务机构，但是一进入网点就看到满地纸屑、其他客户的身份信息暴露在外，这些细节足以证明这家网点不够严谨。还有些网点的电子显示屏坏了一半，没有及时修理；工作人员的着装邋遢，物品摆放不够整洁，等等，这些细节都向客户彰显着银行的经营理念和服务态度。

我们给客户留下良好印象的机会只有一次，所以一定要把握住这次难得的机会。VI 系统不是一个形象工程，是非常重要的网点服务管理项目。

CIS 系统的建立是一个庞大的工程，要在网点有效地利用 CIS 理论进行网点的服务营销管理，就需要一位对本行营销理念具有极深认同度，并能够深刻理解上级行的营销策略的管理者。通过对营销活动及网点管理的融会贯通，最终才能形成一个既有网点特色，又不偏离总行经营思维的差异化网点。

对网点负责人来说，我们要想通过网点实现有效的CIS理念传达，首先要做的，就是对总行和分行既定的识别系统有效执行，例如网点的功能区建设、门楣标识、功能区设计等。因为统一形象更能够为客户有效传达总行的经营与管理理念。

在网点管理的细节处理中，再融入网点特色进行有效整合，例如网点的物品摆放、营销材料的发放和管理、客户营销活动的设计等，都要依据网点周边客户的使用习惯和特征来进行设计。

某城市商业银行网点的所有形象设计和功能区设置都以总行的规范化标识为核心，但是在细节的处理上就彰显出网点的经营特色，比如在设置客户等候区时，爱心座椅的数量达到10个；除了在便民箱里准备了老花镜，还在每个窗口旁留了一个老花镜备用；宣传资料在重要的提示部分都用红色记号笔做了明显标识；凡打印的资料都刻意用较大字体打印；在ATM机的右侧专门有一个指引使用的KT板。

大家一看就明白这个网点的客户特征，这个网点的客户以60岁左右的老年客户居多，大多数都是留守老人来网点办理业务。

在总行客户至上的服务理念的影响下，这个网点从每个细节上都充分体现着客户至上的经营理念，所有的细节设置都是站在客户的角度来思考的，大堂经理和柜员更是有着极大的耐心为每个客户提供优质服务。

他们的服务得到了所有老年人的认可，他们不但自己在这个网点办理业务，还会介绍自己的朋友和孩子来这个网点办理业务。

CIS的建设以经营理念为核心，分别通过动态的经营管理和静态的视觉识别两个方面，以客户的需求为导向来实现银行形象建设。网点的形象建设不是一蹴而就的，是通过网点的持续经营和管理，在网点的功能区建设与客户的经营管理等方面不断纠错，最终实现网点形象根植于客户心智的目标。

○ 4P 营销思维决定网点营销策略

作为网点负责人，实现网点赢利是评价其工作绩效的核心标准。网点如何才能创收？网点负责人的营销管理能力是实现网点赢利的重要因素。

对任何一个网点来说，营销工作的三大核心目标是存款、贷款和中间业务。这三项业务孰轻孰重？作为一名优秀的网点负责人，从网点实际情况着手，才能实现网点赢利的最大化。所以网点营销不是一场简单的营销活动或者营销策划，而是对网点负责人营销管理能力的综合考验。

营销管理的三大步骤

营销管理就是管目标，管过程，管结果。

作为网点负责人，要时刻以网点营销目标为核心进行网点的营销管理，并能够对年度目标进行有效的分析分解，将年度目标落实到人，落实到月。一个再大的目标，通过分解，都会变成一个个容易完成的小目标。

网点负责人不仅要给网点工作人员分配任务，还要教会他们如何完成目标，阶段性营销方案、客户活动都要由网点负责人牵头举办。在过程管理中，作为团队的管理者，网点负责人要能够像医生一样，时刻诊断目标的健康，并随时根据阶段性目标的完成情况进行适当的方案调整和人员调整。通过过程中的有效组织协调，最终达成网点的营销目标。

作为网点负责人，不仅自己要对营销的最终结果负责，还要能够带领团队成员一起为结果负责。对于好的结果，我们要学会从中总结并提炼经验；对于坏的结果，我们要能够理性分析和解决。

营销管理不是一项简单的管理能力，它考验的是网点负责人的分析能力、组织能力、协调能力、管理能力、控制能力等多方面的综合素质，是结合了营销职业经理人对市场营销的职业敏感度和作为组织管理者的优秀管理素质的综合性能力。网点负责人需要在网点的日常营销活动和组织管理中逐渐磨炼自己的各项素质。

需要搞清的两个概念

在互联网时代的网点营销中，我们首先要做到的思维上的转变，就是以用户需求为核心创造一切价值。这里面我们首先要搞清楚两个概念，一个是用户，另一个是用户需求。为什么同一个词我们要拆分来说？

用户。以往我们在营销培训时，谈的往往都是客户或者客户需求，但在互联网时代，我们将这个词变为用户，其中的含义是非常深刻的。客户对我们来说还是客，银行仍然是这个组织体的主人，那么主人自然有权来制定组织的规矩、产品的守则和对客户服务的标准。这仍然是以银行为核心的思维导向。如果无法跳出这个思维导向，我们永远无法理解现代化市场竞争中的用户需求思维。

现在我们使用“用户”这个词代替“客户”，事实上就是反客为主的思维模式。我们的服务对象已经不是“客人”，而是对我们网点内的一切拥有“使用权”的用户，他们有权在使用后对我们的服务、产品发表评论，也有权对我们的产品提出改良意见。

此刻，我们和用户之间的关系好比房东与租客的关系，对这个房子的使用拥有话语权的已经不单是房东，还有我们的租客，因为每天真正生活在其中的就是这些租客。所以区分“客户”与“用户”对处于网点转型中的各位网点负责人非常重要。

之前客户至上的服务意识要求对方要先成为我们的客户，我们才对其提供服务。而在大数据时代的市场营销中，可能成为我们客户的一切用户，我们都期望为他们提供服务和体验。基于这种服务和体验，我们拓宽了客户了解和接触我们的渠道，这样才能有机会获得更多的客户。

用户需求。是不是用户的所有诉求都是需求呢？这也不见得，这需要我们的工作人员在销售过程中进行辨别。鉴于销售人员在其中所起的重要作用，我们通过分析几类销售人员来解释“用户需求”这个概念。

第一类是传统的推销员，他们只在乎产品，见到客户只做一个动作——说。这类推销员从不关心是由于什么原因没有成交。大数法则非常适用这类推销员，他们勤勤恳恳扫描市场上所有的客户，最终还是会有很大收获的。

第二类是营销人员。他们懂得向客户提问，了解客户诉求，但营销人员往往很难区分客户的诉求与需求，于是很容易被“租客”的诉求蒙蔽双眼，从而选择妥协。最终他们会认为是自己的产品不适合客户，问题出在银行，因为客户是上帝嘛。这种营销人员因为无法辨析客户的真实需求，又不会引导客户进而挖掘客户的真实需求，所以会受到客户的影响，不但影响自己的单次业务，还可能造成更深远的影响。

第三类是营销顾问。他们能够从真正意义上辨析客户的诉求与需求，对客户的诉求可能不会完全满足，但对客户的需求是一定可以满足的。他们能够通过表象看本质，从客户的基本诉求出发，了解客户的基本需求，并争取通过产品的解析满足用户的需求。

因此，在营销过程中，营销人员应具备两种能力：一种是将产品解读清楚的能力，另外一种是让客户主动选择购买的能力。第二种能力是非常难能可贵的，它往往都会出现在营销顾问的身上。

营销管理 4P

作为一名网点负责人，要做好网点的营销工作，首先要能够清晰地做好网点 4P（如图 6 所示）的区分和链接，做到以用户（Person）为核心，以产品（Production）为重心，以渠道（Place）为重点，以促销（Promotion）为节点，最终实现营销目标的达成。这 4 个 P 说起来很容易，但是做起来经常会顾此失彼，在营销的整体能动性上，各网点很难实现平衡。

图 6 网点营销 4P

用户是网点营销的第一核心要素。我国的经济结构由原来的三角形逐渐转变为橄榄球型，中产阶层的财富正在发生的变化是每位银行从业者都应充分了解和掌握的。在我们看来，新常态下客户的财富结构经历了五大方面的变革（如图 7 所示），即信息获得的多元化、产品采购的理性化、服务产品的专业化、客户需求的个性化、营销竞争的全球化。

图 7 新常态下客户财富结构的五大变革

信息获得的多元化促使信息不对称性的边际效益在银行与客户之间变得越来越少，客户能够通过互联网渠道最大限度地了解各类金融产品和金融衍生品的区别和差异化。“互联网 +”的各个行业也都纷纷通过提供支付终端或者互联网理财产品等形式培养客户的购买习惯。

产品采购的理性化是随着信息量的不断扩大，客户对金融产品和金融衍生品的了解越来越多而形成的采购理性，客户开始对比产品、服务、银行实力等。

服务产品的专业化也是通过以上两个特征演化而来的。由于金融业信息的多元化传递，以及客户理性采购的选择过程，让客户变得越来越专业。于是，客户的采购行为也越来越专业，客户对银行从业者的要求也越来越高，单一的个人客户经理或者对公业务经理的专业知识已经不足以服务客户，客户要求的是综合型的金融服务顾问。

客户需求的个性化主要是针对未来的核心客户 90 后、00 后来说的，对这些未来的潜在客户，他们对服务和产品的需求不再重视价格，而更加重视价值。产品能否满足他们的个性化需求，是否能体现他们的价值非常重要。

营销竞争的全球化主要来自于外资银行给我们带来的强大压力。基于外资银行多年的营销管理经验，对我国金融市场来说，大部分外资银行进驻后，无论从产品上还是从服务上都对我们提出了更大的挑战。

产品是网点营销的第二核心要素。我们在前面已经讲过爆品思维在网点的基本运用。那么在这里我们要重点阐述的是产品的匹配度与营销方式。工业社会的产品大都由标准化大机器生产，所以在金融业产品的生产过程中，也容易出现这种规范化大生产的根深蒂固的思维模式。

银行从业人员惯有的思维是以产品为核心，向客户推销。而当下我们要思考的是如何以用户为核心，进行产品的拆分组合，设计个性化的解决方案。现在，在各个银行网点，互联网时代的“去中心化”的产品设计思维需要淋漓尽致地体现一番。

现在越来越多的商业银行能够为客户提供产品的定制化服务，其实并不是要重新为客户研发一款产品，而是根据客户的基本需求，通过网点产品的有效组合、功能的拆分来满足客户需求的一种产品组合模式。

渠道是网点营销的第三核心要素。在新常态下，银行和客户获得链接的渠道已经不能依靠单一的传统网点。在三维空间上，应突破网点的固有思维，通过异业合作、媒体宣传等多种形式来扩大网点的宣传和经营力度，打开与客户之间链接的各种形式；在二维空间上，合理运用微信、微博、QQ、邮件等多媒体营销渠道，与客户产生链接。

这种渠道的有效拓展，能够为银行的持续经营带来意想不到的效果。所以，对网点负责人而言，要打开自己的经营思维和固有的营销思想，以用户的营销思维来重新审视我们的营销环境，以网点为核心拓展我们与客户接触的渠道。

促销是网点营销的第四核心要素。目前不仅仅是银行，各行各业都在通过促销的形式来达成营销目标。客户对促销活动已经习以为常，如果我们不做促销活动，客户反而会觉得不正常。但是同样是促销，如何将活动做好？怎样才能提升客户流量？促进客户参与？一场促销活动做得好会给客户留下深刻的印象，甚至引发一场行业变革，例如“双十一”电商节。现在每年的“双十一”都有大批客户满怀期待坐在电脑前疯狂购物。这就是促销活动做得极好的案例。

促销活动成功的核心要素就是要能够直击客户的痛点。既然做促销，活动的主题要能够吸引客户，活动流程中要能够创造客户的参与，活动的结果要产生客户购买。我们会在后面关于营销的章节分别介绍促销活动和客户活动的组织方式和案例，这里仅仅阐述促销的重要性。

综上，要想做好网点的营销管理，网点负责人就要掌握营销管理的三个步骤及四大要素，通过对三个基本步骤井然有序的管理，融会贯通四大营销基本要素，网点的营销管理将能够更加得心应手。

○ 银行网点管理的四大运营模块

在传统银行网点负责人的思想中，自己首先是某银行的员工，其次是某网点的管理者，最后是来网点的营销员。在这里，网点管理者的运营管理职能几乎没有被展示出来。还有一部分网点负责人虽然具备了基本的管理意识和管理常识，却往往苦于不知道如何具体落实自己的管理理念和管理动作，最终选择了放弃。

在我国的银行网点负责人中，能够有效履行网点管理职能的管理者约占 10%；困惑于如何实现管理效能的约占 20%；还有约 50% 的网点负责人无法摆正自己的管理岗位职能，甚至在工作中受到各种问题的困惑和阻碍，自动放弃了管理职能；而最后约 20% 的网点负责人是最惨的，他们根本没有意识到自己还需要履行管理职能，一个网点就只有自己一个业务员，剩下的就是两个服务员。

其实我们也不能就此把最后的那20%的网点负责人定义成无能的管理者，因为我们清晰地了解到他们在网点经营中存在的困惑和难题。但是作为网点的负责人，就是来解决难题、处理问题的。所以无论面临什么样的困难，网点负责人的运营管理职能都要充分发挥出来。

网点的运营管理职能是每个网点负责人必备的基本职能，只有网点的日常运营管理按部就班地进行，网点才能够产生目标绩效，持续发挥网点的竞争优势。那么如何履行网点的运营管理职能呢？总的来说，网点负责人要实现四个方面的管理（如图8所示），即现场管理、客户关系管理、营销管理和突发事件管理。

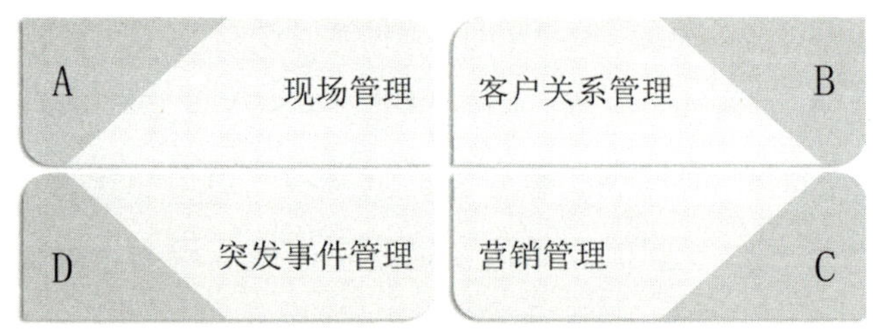

图8　网点运营管理的四大模块

网点现场管理

网点现场管理就是现场的服务满意度管理和服务质量管理。简单来说，现场管理就是管人和管事，就是管理人与人之间、事与事之间、人与事之间的关系。这种管理是区别于网点营销管理、服务管理之外的一种横向管理模式，而且更加错综复杂，它虽然有一定的规律可循，但面临同样的问题，会遇到很多不确定性。所以，网点负责人必须用清晰的思路来进行现场管理。

记得在某商业银行进行服务暗访时，我看到一个客户与柜员产生了摩擦。因为这个客户在排号等候时就已经心情烦躁，在马上就要叫到自己的号时，柜员由于前一单业务的收尾工作处理较慢，没有及时按这个客户的号码。于是这个客户情绪激动地冲到柜台，指责柜员的办事效率太差劲。

柜员被突如其来的质问和责骂吓到了，本能地跟客户发生了争执。这时大堂经理本应过来进行劝说，结果过来却跟客户的爱人发生了肢体冲突。听到厅堂发生如此激烈的冲突，该网点的支行长从办公室走出来，他非但没有及时制止冲突，而是也跟客户扭打在一起。

事后，总行对这个支行长进行了降职问责，出面向客户公开道歉，并赔偿了客户的医药费。

这个事件是网点管理者现场管理的严重失误，明明可以在现场平复客户的情绪，将问题解决，却偏偏要把事情搅乱到无法挽回的地步。

银行网点的现场管理除了人与人之间的管理，还有人与物之间的管理。我曾经到某银行办理业务，要填写个单据，但大堂经理所指引的地方根本就没有这个单据，后来大堂经理跑来给我找，也找不到，就叫他们的柜员来找，也找不到，最后，差不多整个网点的人都来找，几经周折才在柜面给我找到了一张单据。这是现场人与物管理的反面教材。

我们不难发现，现场管理是一种横向的网点日常运营管理，现场管理涉及网点经营的方方面面，它考量的是一个网点负责人的统筹运营思维和管理能力，并分别通过网点的CIS管理、服务管理、营销管理等方面体现出来。

网点客户关系管理

网点客户关系管理的目标就是通过网点的服务和营销实现客户的满意度和忠诚度。银行网点是客户与银行接触的最直接终端，如果说互联网无法提供精准的人性化服务，那么网点是可以提供的。所以网点日常经营管理的一个很重要的职能就是进行客户关系的维护和管理。

在进行客户关系的维护和管理过程中，网点负责人要能够通过客户档案管理来进行客户分类，通过对客户档案的分析来实现客户满意度服务，以及制定营销策略。在本书中，我们反复强调客户的重要性，都是基于通过了解客户、分析客户、研究客户、融入客户来实现客户关系的有效管理。

我们后面将提到关于客户关系的“鱼塘理论”、三类客户的有效拓展和维护等很多方面内容，都是基于银行网点的运营来实现客户忠诚度建立、客户黏性维护的客户关系管理的具体实施内容。

网点营销管理

网点营销管理管的就是营销的计划与目标、营销人员的合理分工与分配，以及网点营销系统的构建。

网点的一切运营管理都以目标为导向，营销系统是最直接实现网点经营目标的系统。但是营销系统的搭建要通过网点全体员工的共同努力，建立在网点整体素质的提升之上。这就要求网点的管理者不但要拥有营销的战略思维，还要拥有营销策划能力、统筹协调能力和强大的执行力。

优秀的网点负责人能够通过网点的营销管理提升网点的经营业绩，培养一批优秀的营销管理干部，建立并维持良好的客户关系。在本书中，我们也专门用独立的一部分来介绍网点营销管理的具体实施计划和管理内容。

网点突发事件管理

网点突发事件管理是指针对网点可能出现的突发事件做好应急的措施和准备，这也属于风险管理的范畴。突发事件管理能够考验一位管理者的应变能力和网点预防措施的管理能力。

由于在网点中各种突发事件频现，且风险管理是隶属于网点管理的一门重要且独立的学科。在本书中，我们不做过多赘述，只强调突发事件管理的重要性，可以说这是一道红线。之前我们讲的在网点与客户发生斗殴的案例，也属于网点突发事件的范畴。如果不能妥善处理突发事件，将危险、伤害降到最低限度，就容易给银行的短期经营甚至长期形象塑造造成难以挽回的损失。这类事件要成为网点负责人的警钟，长鸣于心。

网点运营管理的四大模块通过有效地拼接组合，就构成了网点日常经营与管理的具体内容。作为一名优秀的网点负责人，要能够建立统筹管理的战略管理思维。

互联网时代银行网点的管理职能

管理只有三件事：第一是管自己，第二是管组织，第三是管员工和工作。

银行网点负责人身兼多重角色，最重要的角色就是管理角色，这也是当今很多网点负责人转型过程中面临的严峻考验。在我们接触的众多网点负责人中，不难发现，网点负责人个人角色定位的错误会直接导致网点经营和发展出现问题。

事实上，大部分网点负责人经常会把大业务员的角色放到第一位，把管理角色放在最后，于是出现了网点负责人业务能力越强、网点工作人员能力越弱的情况。于是，网点的经营不得不掉入另外一个更大的恶性循环。工作人员会觉得,“你强你就来啊”。网点负责人自己做了一大半网点业绩，从侧面上反映的就是其他同事的无能。而实际上，这不是其他同事无能，而是网点负责人没有很好地激发全员效能。

除了业务员的角色以外，有的网点负责人就是一个传话筒，他们觉得，“反正行里有各种各样的规定限制，我也不过就是上下链接的纽带，我就做好本职工作，把各项政令传达到位，不出错就可以了”。

这种网点负责人的思维是外在影响型的，他们过分放大了很多外在因素和外在限制，导致自己的行为和思维受到了限制，随着时间的推移，他们养成了一种外责的习惯。每当遇到经营环境不如意或者经营效果不好时，他们就会归咎到各种客观因素中去，认为自己已经完成了“纽带”的职责。而实际上，他们对网点的最终经营目标并没有负起责任来。

这两种网点负责人，一种履行了营销职责，一种履行了服务职责，都没有真正履行网点负责人的管理职责。很多网点负责人觉得自己并没有太大的管理权限，包括人事调动权等都不属于自己。这恰恰是因为对管理本质存在错误的认知而造成的，管理不等于权利，管理是责任与权利的综合体现。

事实上，管理只有三件事（如图 9 所示）：第一是管自己，第二是管组织，第三是管员工和工作。

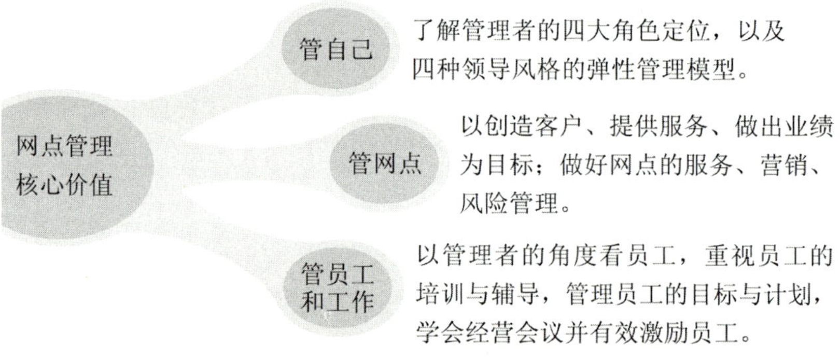

图 9　管理者的三大管理模块

那么作为银行的网点管理者，我们如何去理解这三个管理模块呢？

管自己

网点负责人的重要职责就是做好自我管理。一个网点负责人的自我管理和自我提升意识有多强，就决定了网点的成长和发展速度有多快。纵观这么多年辅导和培训过的众多银行网点，我们不难发现，即使在同一个城市、同一家银行的不同网点，发展也参差不齐。

在与一些发展较好的网点的负责人进行沟通时，他们都会传递给我极强的个人发展意愿和良好的个人素质，他们的关注点在网点的未来、网点的定位和网点的管理。他们极少把工作重心放在个人的营销业绩上。工作中，他们饱含激情，不但自己的工作热情和工作能力很高，更能够通过个人的领袖魅力带动团队成员一起成长。这样的网点充溢着欣欣向荣的愉悦感，走进网点，每个员工的眼睛都在说话，每个人都会第一时间关注到客户的需求，每时每刻，团队的目标感和团队荣誉感都能够良好地展现给我们。

管网点

在网点的日常经营和管理中，我们不能仅仅依据网点的当下绩效指标来衡量一个网点管理的优劣，我们还要通过一个较长的时间段，例如一年或者三年的时间来考评一个网点的管理绩效。因为任何一项管理的绩效呈现都很难在一时以一种倍数增长的形式展现出来。

优秀的网点管理者能够以网点风险管理为核心要素，以网点的价值管理为发展方向，分别展开网点的目标管理和功能管理。网点管理就像船长在管理整艘航船，在每个细节上都要考虑周详，才能够确保船只在惊涛骇浪中一帆风顺。

管员工和工作

在网点管理的过程中，网点负责人最核心的职责就是管理员工和工作。这一点在日常管理行为中最容易被识别，也最容易快速产生绩效。管理员工和工作的意义不是让网点负责人进行硬性的制度管理，其最终目标依然是以网点的整体目标为依托，通过制度管理、培训辅导、员工激励和目标的制定与检测来实现网点人员效能最大化。

要成为一位杰出的网点管理者，这三项管理职能缺一不可。我们要判断网点管理的优劣和网点管理者管理职能实施的绩效，也通过这三点来进行测评。

网点管理者的首要职责是管网点

○ 没有目标的管理是无效的管理

对任何一家银行网点来说，一个重要的目标就是盈利。但是，盈利是一个大而全的目标，要实现这一目标，网点负责人必须考虑的是三大核心业务的完成情况，只有每项核心业务都能够按照既定目标完成，才能够实现最终目标。

那么如何做好目标管理？网点目标的达成需要通过哪些渠道来实现？都有哪些人可以参与到网点的目标管理中来？做好目标管理的首要工作就是做好目标的分解，目标管理的重点工作就是帮助网点员工实现个人目标与网点目标的和谐统一。

目标的分解

目标分解一般可以从两个角度来考虑（如图 10 所示）：一方面是在时间节点上的目标分解，另一方面是在人员结构中的目标分解。在网点年度计划的制订过程中，我们都要进行季度乃至月度的目标分解。这种分解的好处是，让网点负责人清晰地了解不同营销季度的核心目标和营销方向。

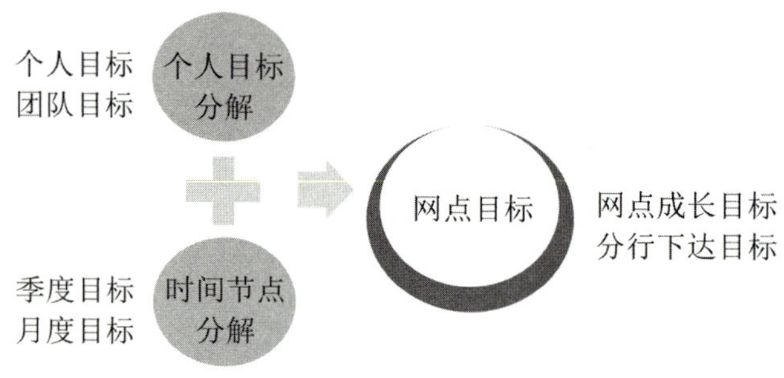

图 10　网点经营目标的双向分解

任何一个大目标的实现都是由无数个支撑它的小目标的实现而最终达成的，目标的分解好坏对阶段性营销策划和具体营销方案的落实都有重要的影响。对团队来说，目标达成的效率直接影响团队的凝聚力，众多小目标的达成能够有效提高团队成员之间的协作度。优秀的团队管理者能够通过营销目标的分解，带领团队成员完成每个节点目标，提升团队士气，提高团队成员之间的协作度与信任度。

还记得我曾经工作过的一个营销团队，当时的领导就是一个善于分解团队目标并带领团队打硬仗的领袖型领导。他通过阶段性目标的有效分解与达成，将一个士气低落、业绩低迷的团队打造成了全国第一的团队。

每年总公司下达年度任务指标时，这位领导首先带领我们做好季度的规划和任务目标的解析，让每个团队成员都清楚地了解：为什么一季度做这么多，二季度做那么多；在不同的时间段，我们主要的目标是什么；通过这个目标的达成，能够为后面的各个时间节点带来哪些好处。通过这样的目标分解和任务解读，团队的所有成员都胸有成竹，树立起不达目标誓不罢休的决心。

任何人都是趋向优秀的，但是一个巨大的年度目标压下来，必然会给工作人员带来巨大的压力。年度目标的分解就是将大的目标分解成小目标，将全年目标分解成月目标，然后通过专注地达成月度目标，从而逐步完成全年的大目标。

让员工清晰地掌握当月的分解目标和达成目标的意义，能够提升目标达成的可能性。而任何一个目标的实现对团队而言，都是很大的激励。这种激励会几倍甚至几十倍地促进后续目标的实现。

年度目标的分解不是简单地除以 12 个月，而是依据网点负责人对该网点的了解，结合上级支行的目标要求和市场预期判断来进行的目标分解。不同季度和月份的营销目标和营销重点是不同的，只有这种综合考虑多方因素的目标分解才是负责任且可实现的。

一般而言，在开门红期间要完成全年目标的 40% ～ 50%。因为各家银行都会在开门红期间举办各类营销活动，只有此刻抓住核心客户并进行精准营销，才不至于因为在以后几个季度痛失客户而给团队带来损失。

开门红是指每年的前三个月份，这段时间是我国的新春佳节，客户的财务状况良好，最适合做存款营销和理财产品营销，所以这段时间要把重点放在这些营销项目上。阶段性营销目标的设定不仅有助于实现年度目标，更能够带动网点的营销节奏和氛围，提高员工的营销积极性，最终帮助网点走向良性的业务循环。

员工目标与网点目标的和谐统一

在关于网点负责人的角色定位部分，我们提到，目前我国大部分的银行网点负责人就是一个大营销人员，网点的大小业务都一个人扛，不但自己越干越累，看不到未来，最重要的是没有很好地培养网点人员成长，还会造成组织内部人员的不和谐。大家都觉得反正你一个人就行了，要我们干吗，干来干去也没有提升空间，还不如做好本职工作，正点上下班算了。还有少部分人养成了吃大锅饭的习惯，对工作没有明确的目标，对未来也没有期望。于是整个网点进入恶性循环，人浮于事，无法形成业绩的突破。

网点负责人的个人业务能力越强，这种情况发生的可能性就越大。事实上，网点负责人要做好一个管理者的工作角色，就要把自己的业务能力复制给相关工作人员，如果网点每位员工都具备较强的工作能力，就会实现“1+1>2”的效果。那么如何实现负责人能力的有效复制？这就需要员工的工作目标与网点的发展目标达成和谐统一。

有一次去某银行做辅导，由于当时的辅导项目为期一个月，且存在网点之间的竞争，所以我跟每个网点负责人都进行了深入地沟通与访谈。一个网点负责人苦恼地告诉我说，他们网点有一个叫瑶瑶的小女孩，由于家里条件特别好，开上百万的车上班，跟网点其他人员有些格格不入。而且还经常迟到，对工作不十分上心，最重要的是她是一名客户经理，每个月只完成指定的工作任务，多一点都懒得做。

这位网点负责人对瑶瑶已经毫无办法。他们网点所有人都认为这个女孩就是个“拖油瓶”，这次他们的营销 PK 一定会输在她身上。

这种状况显然不是短期造成的。面对这种现状，我首先想到的是如何帮助网点负责人做好网点的人员协调与管理。既然整个网点的人都不信任瑶瑶，估计瑶瑶也会觉得自己与这个网点格格不入。这是典型的员工个人目标与网点目标无法达成统一而引起的状况。

于是我首先跟瑶瑶进行了深入的面谈。在谈话期间，我摘下了有色眼镜，发现瑶瑶是一个很善谈又有想法的女孩子，但是她比较胆小，她觉得由于自己的家境，大家都很抵触她，所以就不愿意敞开自己的心跟大家交朋友，以及一起完成网点的目标。

谈话结束后，我问瑶瑶有没有兴趣给自己一个机会，让自己在这次活动中充分展示能力，得到大家的认可。瑶瑶半信半疑地答应了我的要求，并许诺写一个营销方案给我。

第二天我就拿到了瑶瑶写的大概有10页文字的营销方案。此时，网点负责人还是不太信任瑶瑶，甚至觉得这个方案是别人代笔的。但为了网点的活动成功，还是决定让瑶瑶试试。

半个月以后，网点负责人跟我反馈说，瑶瑶不但最近都没有迟到过，而且每天主动跟大家一起加班，下班还送顺路的同事回家。瑶瑶在这次营销竞赛中充分发挥了她的亲和力，大堂经理带给她的每位客户她都能服务好且能产生业绩。月度总结的时候，大家要评选当月最佳服务明星，竟然网点全体员工都提名瑶瑶。这个差点被丢掉的金子被大家拾起来了。

每位员工都希望在自己的岗位上做到最好，但是基于各种各样的原因，可能导致他们阶段性地迷失方向或者无法融入。网点负责人要做的是关注到每个人的优点，找到他们的目标，并将网点目标与个人目标统一起来。

员工的个人目标不见得完全都能跟网点目标统一，作为网点负责人，只需要求同存异，帮助员工挖掘出个人目标与网点目标相一致的地方即可。让员工在自我实现的同时能够更好地达成网点整体目标，何乐而不为呢？

所以，网点目标的管理不仅是为了达成年度考核任务而设定的，更是为了网点更快、更好的发展而设定的。网点的经营管理目标是网点全体成员的共同目标，网点负责人要做的就是，能够将目标和达成目标的意义向网点的全体成员进行深入剖析，将网点成员的个人目标与团队的最终目标统一，并且带领网点全体成员进行合理的目标分解。

卓越的目标管理能够实现团队凝聚力的提升，以网点经营目标为导向，通过一个又一个小目标的达成，最终历练出一个所向披靡的营销队伍来，从而实现网点的持续盈利。

目标管理中的 SMART 法则

网点负责人要有一个清晰而明确的目标，主要指的是网点负责人要清晰地了解网点的发展方向、网点的经营目标、客户的定位，以及年度目标如何达成。在这里我们主要给大家介绍网点负责人制定目标所需要的要素。我们认为，目标制订过程中要具备 SMART 法则所包含的几大要素，分解开来就是，具体明确、能够衡量、可以达到、平衡关联、设定期限。

S（Specific）——**具体明确**。目标要清晰可见，要具体。记得我曾经看过一个段子，说某网点每天的晨会都是千篇一律的喊口号:“×× 网点要成为最优秀的营业网点！”最优秀的标准是什么？跟周边的其他银行网点比最优秀，还是跟自己系统内的网点比最优秀？最优秀是比其他网点好一点点，还是比其他网点好很多？如何有效评价这个最优秀？这种目标的表述就是模糊的，也是无论如何都无法实现的。

网点负责人应该跟大家解读什么是最优秀，比如，实现网点的客户正增长，成为这条街上赢利第一的网点，等等。只有目标的确定足够具体，才是能够实现的，模糊的目标只能培养糊涂的团队。

M（Measurable）——**能够衡量**。目标必须是能够衡量的，这是基于具体目标之上的再一次明确和清晰。比如，本月的信用卡开卡量要达到100张，要举办2次客户沙龙，实现理财产品销售100万。

只有这种清晰明确且能够衡量的目标才能够让员工有方向感。我在某邮储网点带领他们做营销项目时，网点负责人就清晰地提出了“每个小组每天完成信用卡预约30张”的目标。于是，每个小组成员都紧盯着领导指派的目标来努力。这种能够衡量的标准会给员工一个很清晰的工作方向，做得好不好，一目了然，员工们自然也就不存在互相推诿等情况了。

A（Achievable）——**可以达到**。目标不能定得太高，也不能定得太低，最好是大家只要通过努力就可以完成的。这样大家都不会因为过高的目标压力而放弃，也不会因为目标过低而不努力。这就要求网点负责人对自己的网点具有很清晰的认知，了解网点客户的情况和网点工作人员的具体情况。通过大家一起努力来完成目标，这对团队的凝聚力是很有帮助的。

R（Relevant）——**平衡关联**。团队的目标不是让某个人来实现的，目标要通过分解，变成每个团队成员的日常工作绩效，通过目标的完成把大家紧密地联系在一起。比如，要完成某月的存款目标，网点负责人要将存款目标有效地分解给团队的每个成员，这个目标分解不能简单地停留在每个人完成多少数额上，而要根据目标实现的流程来分解制定。比如，要求大堂经理每天要识别多少个客户，跟柜员产生联动，客户经理要能够拓展多少位存款意向客户，等等。目标不是定给网点负责人的，也不是定给网点某个指定岗位工作人员的。目标的完成是基于网点每个工作人员能够顺利完成本职工作来最终实现的。

T（Time-Bound）——**设定期限**。没有期限的目标等于没有目标，银行网点设定的经营目标必须具有期限性。就如同我们在营销管理中会讲到的年度营销目标是一样的，每个目标都要设定完成的具体日期，这样的目标才是有效的。

○ 客户的核心诉求是网点管理的首要任务

网点具有哪些功能？或者说网点应该具有哪些功能？在“互联网 +”时代，这已经不是网点负责人说了算了。因为我们要面对的不仅是我们的已知客户，还有大量的未知客户，所有来到网点的人，无论是进来休息的还是来办理业务的甚至是路过的，都有对网点功能拥有使用、评价、选择的权利。

所以，在做网点经营的功能管理中，网点负责人要充分考虑用户的功能性需求。同时，在互联网时代，客户办理业务的渠道会发生变化，大部分客户会把自己的业务放到网上或者手机银行上办理。那么，网点在这个时候又有什么样的功能呢？作为网点负责人，我们要懂得同时站在客户的角度和总行的角度来思考网点的功能设置，并做好网点的功能管理。

要做好银行网点经营的功能管理，首先要了解客户对网点有哪些功能需求。通过大量的市场调研，我们发现，我国客户对网点的功能诉求还处于基础阶段，这跟我国银行业的发展速度有直接关系，但是这种诉求也随着国民生活水平的提高和高端服务的植入逐渐被拉动起来。总结来说，客户对网点的功能有五大需求（如图 11 所示）：

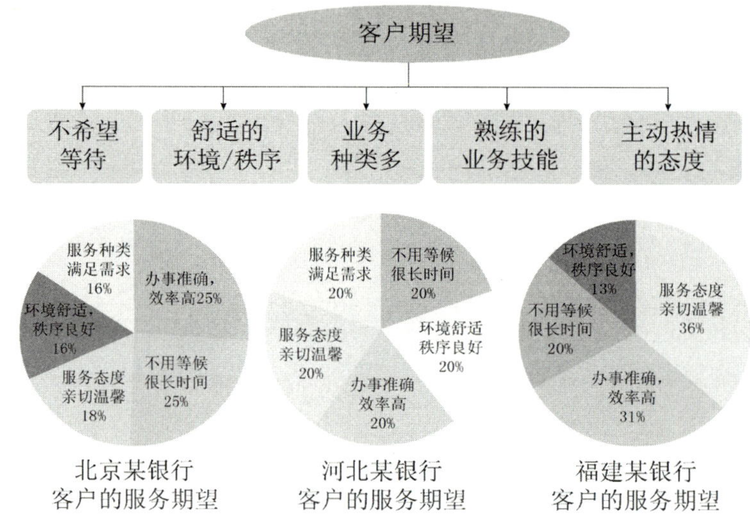

图 11　客户对网点服务功能的期望

能够快速办理业务，不需要太长时间的等待

客户到网点遇到的最大问题就是等候时间过久。我跟朋友聊天，问他去银行觉得哪个功能区是最重要的。他毫不迟疑地告诉我说“窗口”。因为到银行办理业务最头疼的就是窗口太少了，经常需要排队等候。

听他的反馈，我哑然失笑，其实他可以算某国有银行的 VIP 客户了，但是由于等级还不是很高，是 D 类客户，所以经常有 A 类客户排在他前面。有一次他虽然拿到了 VIP 的等候号，但是由于比他等级高的客户太多，结果其他普通客户都办理完业务了，他还没排上呢。因为这次经历，后来他就把那家银行的银行卡注销了。

造成这种状况，一方面是由于银行的系统漏洞，没有及时发现 VIP 客户的需求；另一方面也让我们深刻地体会到客户对网点业务办理速度的要求。

环境比较舒适并且有秩序

如果到网点不得不排队，那么我觉得能给客户一个能够忍受的理由就是网点的环境了。我想，对上文中提到的那个等候的低级别 VIP 来说，如果网点的休息环境再好一些，有一些可供阅读的资料，也许他的急躁情绪会得到部分缓解。

同时，在那位朋友的表述中，我们也不难发现，网点的秩序问题也很重要，VIP 客户的业务办理速度不如普通客户，这直接就否定了 VIP 的意义，而且在他等待的半个小时的时间里，大堂经理亲自带人插队三次。这种秩序的混乱更引发了他的不满。所以，客户对网点功能的第二大诉求就是环境是否舒适，以及工作人员办理业务是否井然有序。

业务种类丰富，可以在同一个网点实现所有要办理的业务

这也是客户对现在银行网点的核心诉求之一。如果一位客户到网点办理业务，却被网点工作人员告知要到其他网点才能办理，客户就会产生很大的不满情绪。有时候是由于系统问题无法解决，

有时候仅仅是由于网点工作人员不善于办理。

无论何种原因，客户都会对这家银行产生不专业、不满意的情绪。客户期望的就是能够到一个银行网点把关于这家银行的全部业务都办理好，一方面节省了客户的时间，另一方面也降低了业务办理的不确定性和难度。

工作人员技能熟练

由于银行工作人员和客户之间的信息不对称性逐渐衰弱，客户对银行能够办理的业务和业务流程也越来越熟悉，所以客户对部分银行工作人员的信任度也在递减。甚至部分客户对银行工作人员的技能是持怀疑态度的。我们经常可以听到客户说“找一个会办业务的过来给我处理”！这句话的背后包含了客户对银行工作人员业务技能的不信任。

尤其是当一项业务在网点办理遇到困难时，客户更会对为他办理业务的工作人员直接表示怀疑。这就要求网点的工作人员不仅要了解本职工作的流程，还要对客户提出的关于本行的其他业务也能够熟练地给予解答，在客户面前展现出充分的自信。

工作人员的工作态度积极热情

网点工作人员的工作态度会直接影响客户对网点的认知，甚至可能导致客户否定我们之前的所有努力。比如，即使网点的环境、秩序和工作人员的业务熟练程度上都已经做到尽善尽美了，但是由于工作人员在服务客户时的热情度不够，就很可能导致客户对我们的服务产生不满情绪。

银行是金融服务机构，在如今的市场竞争环境中，网点更多起到的是服务的角色，一次良好的服务体验是通过我们的情感传递给客户的，因为这种态度向客户传递了我们对客户的感知。人是情感动物，客户会更关注我们跟客户之间传递的情感因素。所以，即使遇到业务办理的困难或者难缠的客户，热情、积极的态度能够帮助我们缓和客户情绪，有利于问题的解决。

站在客户的角度深入分析客户的核心诉求，我们不难发现，网点的功能区设置、人员软环境提升、网点环境的6S管理，等等，都是为了从不同的层面满足客户的五大价值诉求。只有满足了客户的五大价值诉求，网点的存在才能产生价值。

○ 正确的定位是实现网点价值管理的基础

从客户的角度来看网点的功能管理，能帮助网点负责人更清晰地了解网点功能管理的重要性。但是作为管理者，还要能够站在银行的角度来看待网点的经营价值。基于前面所讲述的互联网时代的网点价值认知，我们深刻地了解到，互联网时代的银行网点是基于互联网整合后的每个实实在在的客户服务体验区。所以，银行网点在经营价值上要满足以下四大功能才算实现了网点经营的价值目标（如图12所示）。

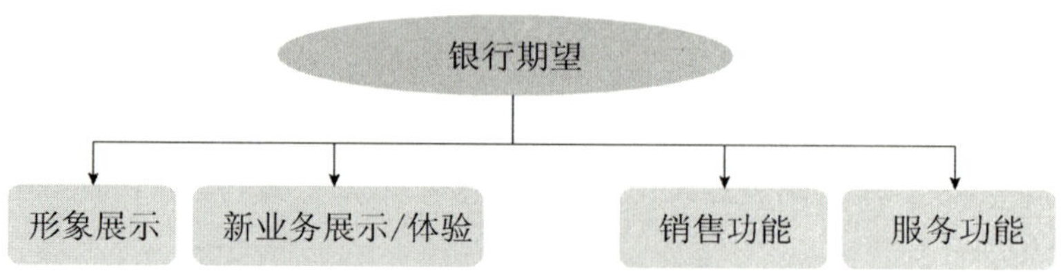

图 12 银行角度的网点营销价值

银行的形象展示

每一个网点都是银行对外形象的直接展示窗口，从银行的Logo到每个员工的着装，从网点的清洁程度到工作人员的微笑，每个细节都时刻在向客户展示着这家银行的价值观和银行形象。所以，网点的CIS管理在整体网点服务形象打分中是有着非常重要的分值占比的。客户通过网点的门楣形象能够第一时间联想到这家银行，脑海中也会不断强化对这家银行的印象。

在一个城市的同一条街道上有两家银行网点，两个网点形成了强烈的形象对比：第一家银行的网点杂乱不堪，一进入网点，竟然连营业执照都是A4纸打印的，歪歪扭扭地挂在墙上。我当时第一个感觉就是，这是不是一家假的银行啊？而距离不到50米的另外一家银行的网点，门楣很宽，玻璃擦得很亮，进入网点，整洁的环境中摆放着两棵盆栽，树叶都擦得很干净，网点的桌面整洁，宣传品摆放得让人看了就有一种想了解的冲动。

同样是银行的网点，同样每天都在向客户彰显银行的价值观和经营理念，一个环境整洁、陈列舒适、系统完善、服务贴心的网点必然能够给客户留下良好的印象。所以，网点负责人要在网点经营的 CIS 管理部分注意每个细节，从网点经营的方方面面来向客户展示银行的价值。

新业务展示及体验

银行网点的第二大经营价值就是新业务的展示和体验。一般来说，客户对银行的产品了解仅仅能通过两个渠道：一个是互联网渠道，另外一个就是银行网点。大部分客户在不了解银行的新业务时，是不会在网上搜索的，银行也就无法实现产品的精准营销。所以，对新产品的展示和体验，网点起到的作用往往更加明显。因此，大部分银行会把自己的网上银行和手机银行的体验区设置在网点中，这种新业务的体验和展示能够帮助客户快速了解产品。

产品的展示要能够吸引客户的眼球，比如，有些银行网点在厅堂摆放一块黑板，写上行长推荐产品，POP 海报做得非常吸引客户眼球，LED 滚动屏幕上展示该产品的特征。这样就有助于客户在进入网点等候办理业务时及时了解新产品。有些网点花高价采购了手机银行和网银体验机，却几乎没有客户使用过，原因就是在机器的附近没有设置客户的使用指导和说明。而有一家商业银行的网点就做得非常好，他们直接设置了一个客户手机充电区，在充电区的旁边，摆放了三部 iPhone 手机和一台 iPad，并标注“手机银行体验区”的字样。这样客户就可以一边给自己的手机充电，一边在真实的手机和平板电脑上体验手机银行的使用乐趣。

这种新业务的展示和体验形式有助于客户快速了解产品，并获得良好的使用体验，对银行的新产品推广起到至关重要的作用。

要实现这种新业务的展示和体验，网点的陈列和展示能力非常重要，要能够让客户第一时间看到我们希望他们看到的服务区和产品，通过产品的陈列、色彩的搭配等方式，吸引客户的注意力，而大堂经理可以通过识别对新产品有兴趣的客户进行指导。这种新业务的体验还要让客户觉得容易操作和学习，在新产品或者服务的体验区，要有相应的操作流程指导等，确保对新业务感兴趣的客户能够通过指导完成新业务体验。这对新产品的销售具有很大帮助。

产品销售功能

当然，银行的任何一个网点都要具备的功能就是产品的销售。每个网点都要自负盈亏，产品的销售是网点创收的重要组成部分。

要实现产品的销售，网点负责人就要充分利用网点的硬环境和软环境。网点的产品陈列是协助产品销售的重要手段，网点工作人员对产品的解读是产品销售的有效途径，任何一款产品都需要通过有效的解读最终实现客户的购买和销售目标。

金融服务功能

银行是提供金融服务的重要场所，产品的展示和产品的体验都可以通过两个营销通路——网点和互联网来实现，唯独服务无法通过互联网来实现，因此，网点是客户体验金融服务的最重要场所。

对于社区型的网点，要为客户多提供生活金融服务，例如水、电、燃气费的代缴业务，代收包裹的生活服务等；在商圈的网点就要多提供商务金融服务，例如代发工资、商户联盟等。总之，不同的网点要根据网点的具体经营环境来为客户提供对应的金融服务，进而实现网点的金融服务功能。通过线上线下的双向配合与服务功能的实现，让客户能够更加立体、更加全面地了解网点的业务。

要明确网点的经营价值，就要建立网点定位意识，比如综合型网点、小微网点、社区网点、零售型网点。不同的网点定位不仅代表着总行对该网点的基本要求，也是网点负责人在进行网点价值管理的重要思考前提。网点负责人要能够根据网点的具体战略定位和网点客户的需求来经营网点，最终实现被总行和客户双重认可的网点价值。

○ 风险管理是银行网点管理的红线

银行网点经营的风险管理也是网点管理者非常重要的工作职能。银行是经营风险的营业型组织，尤其是在一线网点的工作中，更是每天跟各类风险打交道。银行业的风险管理是一门单独且非常重要的科目。在本书中，我们仅作为应知应会部分给大家做简单介绍。网点的经营风险一般分为四大类（如图 13 所示）：信用风险、市场风险、流动性风险和操作风险。

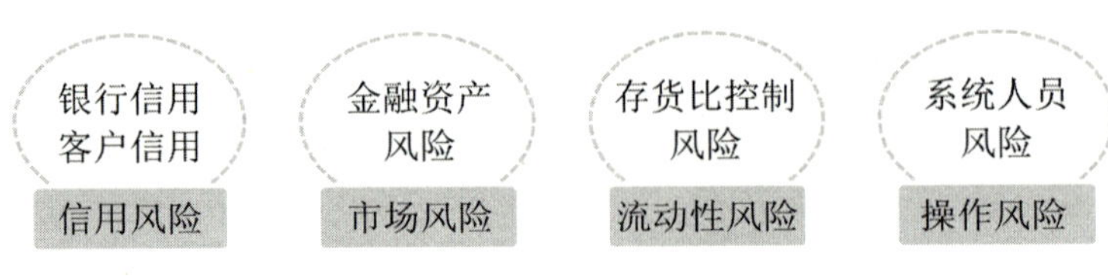

图 13　网点经营风险管理

信用风险

银行业的信用风险主要来自两个方面：一方面来自客户的信用风险，另一方面来自银行本身的信用风险。

网点负责人要根据不同客户群体的信用等级来做好网点资产类业务的风险管控，避免出现银行的挤兑和不良资产。只有当客户的信用等级高的时候，银行的信用风险才会比较低。由于客户的信用风险较高导致的违约，对银行来说是非常可怕的。所以网点负责人要能够扎根到网点周边的市场中，深入了解每位客户的信用情况，基于银行的基本征信调查之上，做出更深入的了解和判断，将客户的信用风险降到最低。

另外银行本身的信用也非常重要，这是基于银行自身对客户而言的信用风险问题。由于过往的业务操作不当等各种因素都可能导致客户对银行的信用误解，甚至出现社会影响力较大、较深远的金融问题。

无论从客户角度还是从银行角度来看，信用风险一旦出现问题，都将给银行带来无法衡量的损失。作为网点负责人，要时刻警惕信用风险发生的可能性，将信用风险控制在可避免的范围。

市场风险

市场风险是金融体系中比较常见的风险，是由金融资产的价格变化而产生的，包括利率风险和汇率风险。由于这类风险的产生不在网点负责人的可控范围内，所以作为网点负责人只能充分保持市场敏感度。尤其在利率市场化的今天，各家金融机构之间都有着激烈的竞争，这种市场风险的发生是随时随地的。

汇率风险一般是金融业结构性风险，这种风险的发生概率不是很大。一般来说，对此总行和分行会做好应对策略，这时候网点负责人要能够及时跟上总行的经营策略，做出及时的应对和调整。

所以，对于市场风险，网点负责人要做好积极的预防措施，在风险到来之际能够及时做出回应。

流动性风险

一般情况下，国家对银行的存贷比是有严格要求的。存贷比要求能够确保市场货币的流动性，降低挤兑风险。虽然现在银行业的存贷比有所下降，但是各银行的存款准备金和存贷比的红线还是有明确的要求和不可逾越的界限的。网点负责人在这方面要严格完成总行下达的指标，以网点为小单位，确保存贷比的完成。

操作风险

操作风险主要源自系统和人员的风险，系统的操作风险是由于部分银行的信息系统还不够先进，对一些风险问题不能够及时监控而引发的。这种系统性操作风险需要在人为的工作中更加留意和小心。

另外一个方面是人员风险，主要包括工作人员的道德和法律意识等方面。近些年我们也看到一些报道，比如，某某银行的行长和客户经理合谋挪用客户资金等问题，这种人员道德引发的操作风险是极其严峻和可怕的。

还有一些育人系统的风险也是我们无法预计的。曾经在网上就流传一个网点的柜员对一个小孩子大打出手的照片，虽然这是工作人员的个人行为,但同样给银行带来了很大的负面影响。所以，对网点工作人员的选材和培养也是网点负责人要认真对待的工作。

以上我们仅仅简单阐述了银行的几类风险，并没有详尽地对各类风险进行剖析和解读，只是重点强调网点负责人要有极强的风险管理意识，对各大银行的风险培训要认真对待。因为网点一个小小的事故，可能会给银行带来很大的负面影响，尤其现在是信息化社会，任何一个小问题都会马上在互联网上传播，这种影响对银行来说，很可能会演化成一种灾难。

网点管理者的重要职责是管自己

○ 卓越的管理者才能引领卓越的银行网点

在银行业快速变革和发展的今天，每一个银行从业人员都面临着严峻的考验，这种考验不仅仅表现在各项 KPI 指标上，对网点负责人来说，更深刻地反映在作为银行管理者的综合素质上。大部分网点负责人如今都面临三座大山的重压，即大压力、大指标和大变化！

大压力

关于压力问题，不仅在中国，也不仅在银行业，大压力是现代社会所有人面临的基本状态。这种压力来自快速发展和变革的经济社会。在这样的社会发展速度里，一天不学习都会被落下，信息的“大爆炸”给我们带来了无形的紧迫感和对信息的诉求欲。作为银行网点的负责人，不仅要考虑自己的学习速度能否跟得上快速变化的市场，还要考虑如何带领员工一起成长。有压力是必然的，压力也是成长的动力。

大指标

任何一个行业的发展必然带动行业内部的职能细分和指标细分。由于银行每年的正增长需求都会分摊到各个网点，对网点负责人来说，指标带来的压力也越来越大，所以正确认识指标细分的压力对网点负责人的工作有极强的借鉴意义。

大变化

作为大组织中的小组织，服务于行内发展的大指标非常重要。所以网点负责人要非常清晰地了解每个KPI指标背后的意义，并能够在大指标上坚持服从大组织，在小指标上实现组织内部微调的基本原则。

首先，要应对大的变化，这种变化来自方方面面，尤其是来自市场环境的变化，客户与银行之间的信息不对称性越来越小，互联网给银行网点带来的变革越来越剧烈。

其次，网点人员还要面对来自网点内部的变化，我们的内部流程、政策和制度都在不停地发生变化，适应公司的各类决策变化是困难的，但也是必要的。

再者，网点人员结构越来越趋于年轻化，对90后、00后的管理被提上日程。网点价值也在不停地发生微妙的变化，比如目前大家既熟悉又陌生的社区银行。这种变化对网点负责人提出了更高的要求。网点负责人要成为互联网时代银行网点的管理者，就必须做好个人的角色认知和调整，把管理职能和管理能力发挥到最佳。

但是目前我们接触到的大部分网点负责人在面对这三重压时，表现出来的却是“三个没有”，即没有时间、没有动力、没有思路。

没有时间

说到时间，应该是每个网点负责人的隐痛吧。每次给网点负责人培训时，我们都发现大家遇到最大的烦恼就是事情多，时间少。很多网点负责人觉得，面对各种各样的会议，以及网点里各种事务性的工作，就算天天泡在网点都忙不完。

记得一个网点负责人曾经说过，他一天做了 174 件事情。我想这可以列入世界最高强度工作了吧。那么这种忙的背后是什么？真的是岗位设置不合理带来的吗？还是其他原因？

从时间管理的角度来看，“有安排不乱，有计划不忙”。我分析了一下这位网点负责人一天做的 174 件事情后发现，他做的大部分事情都是紧急不重要的，他让自己疲于应付工作的大部分原因是源于自己的职责不清晰，目标不明确，时间管理做得不好。

没动力

很多网点负责人都很难清晰地规划自己的职业生涯，因为他们看不到明确的未来。改变现状和维持现状对网点负责人的职业生涯会产生哪些改变？当一个人看不清未来的时候，付出的努力越少对他越划算。所以找到目标，才能找到动力。高效能人士以终为始的思考模式也许对我们是一个帮助吧。

网点负责人作为最基层的银行管理者，是最了解市场、能够在市场上发挥最大效能的个体管理者。任何一个决策对网点的变革和未来的发展都至关重要。只有让自己先看到未来，才能带领团队看到未来。

没思路

每个网点负责人都有自己的管理和发展思路，但是当遇到了快速变革的市场环境和公司决策，以及遇到具体的事和人时，我们的经营思路就会受到挑战。甚至在遇到困难时，大部分网点负责人会显得手足无措。

我曾经的一个学员小B，是个年轻的网点负责人。小B本应是个很有营销思路的管理者，以前在分行做信贷部工作人员的时候经常会提出一些营销策略，所以行里把他指派到一个网点去做负责人。

小B满怀激情地到网点上任了，他准备大张旗鼓地推行他的网点发展计划，结果不到一周就遇到了各种麻烦：首先是网点工作人员的不配合。大家觉得小B就是“新官上任三把火”，烧完了就结束了，所以在具体工作的执行上，只是走走形式。另外一些老员工觉得小B的政策过于激进，比如要大家分小组做拓展营销，开拓客户等。好多年纪大的客户经理本来就不缺少客户，又不愿意加班，所以经常在背后说他的坏话。

遇到这么多的问题，小B的士气越来越低，激情也越来越少了。最后，他也变成了一个对未来不抱有任何希望的网点负责人了。

当我们在这个网点做辅导的时候，小B已经是一个一脸颓然的管理者，和其他网点之间的营销竞赛也提不起精神来做。

产生这种情况的最核心原因就是管理者被客观环境制约，对自己的想法和思路由于一次、两次无法实现就选择了放弃，时间久了，就错误地认为自己本就是没有思路的。其实只要网点负责人愿意放下客观环境带来的负面情绪，认真梳理自己的思路，还是能够理清网点发展的经营思路的。

作为一位网点负责人，我们身负的考验极其严峻，一个优秀的网点一定是由一位优秀的网点负责人打造出来的。而一位优秀的管理者首先要做到的就是卓越的自我管理，只有组织的灵魂人物有了目标，有了方向，才能带领网点的全体人员共建一个卓越的网点。

○卓越管理者的四大角色定位

任何一个岗位职责的履行都有多重角色的转换，只有在岗位职责履行的过程中有效地转换个人角色，并且将每个角色职能执行到位，才能够在真正意义上将本岗位工作做到尽善尽美。比如，作为客户经理，面对客户时就是一位金融服务的提供者；面对网点负责人时就是客户信息的传递员，同时能够扮演好这两类角色的客户经理才能够游刃有余地处理好客户与银行的关系，为客户和网点都创造价值。

那么网点负责人要完成的角色有哪些呢？根据现在对网点负责人的综合测评，网点负责人至少要拥有以下四种角色能力（如图 14 所示），即网点工作的管理者、团队效能的组织者、内外部客户的服务者和为绩效负责的营销者。

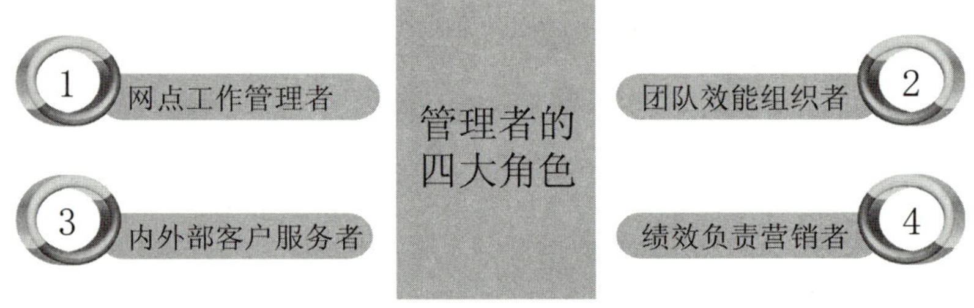

图 14　管理者的四大角色

网点工作的管理者

网点工作的管理者是网点负责人核心的角色定位。这里所说的管理，不仅要为工作的最终目标和结果负责，还要对工作的具体实施流程与内容负责。优秀的管理者能够通过资源整合和人员配置，实现最大化的团队工作效能。作为网点的管理者，主要工作就是制定和规范网点的制度，帮助每个人建立以目标为导向的工作流程，促进各个岗位的有效协调和配合。

网点负责人在组织架构中如果不能履行管理职能，就会导致组织如一盘散沙，无法凝聚，没有核心竞争力。

某网点负责人是一位年纪较大的姐姐，姐姐是个老好人，好到什么程度呢？好到没有限度。我到他们网点首先看到的就是地上有碎纸屑，在大堂经理的办公区域，竟然还堆放着一堆杂物，还有清洁工具之类的东西。我刚要指导工作人员拿开，就见这位负责人马上走过去，很不好意思地把东西收好，而大堂经理就站在旁边一动不动。

我要求负责人开会布置营销活动，分配任务。看到他们的会议开得简直令人匪夷所思，每个人都在说自己的思路，而这位姐姐就是不停地点头，点头。到会议结束，也没有给出一个明确的总体思路出来。可想而知，会议的结果就是大家都按照自己说的做，各行其是。

当然，那次的营销竞赛这个网点也是倒数第一。开总结会的时候，大家都在埋怨这位姐姐，她还是堆着一副笑脸。

后来我们进行了深入探讨和分析，把管理者的角色定位给她仔细地分析和讲解了一遍，让她回到网点后首先要做到的就是履行管理职能，然后才是其他角色职能。

大概过了一个多月，这位负责人告诉我，她学会了分配工作，而且由于之前的好人缘，有几个老员工还是很支持她的。

如果网点负责人不能履行管理角色，就会直接导致团队效能下降。这种下降是非常可怕的，甚至能直接将一个网点带入恶性循环中去。所以，作为网点负责人，能否调动团队效能，能否最大化地促进团队成长，首先要解决的就是自己的角色定位是否清晰。

团队效能的组织者

作为团队效能的组织者，网点负责人要能够最大化地调动团队成员的工作热情和积极性，成为团队效能的催化剂。一位优秀的管理者不是要成为技术表率，而是要成为伯乐，通过积极挖掘团队成员的优势，利用团队成员的长板，促使网点的核心效能提升，最终实现网点的经营目标。

在现阶段的团队效能组织中，管理者要能够有效运用“木桶理论的 2.0 版本”——团队的核心效能提升不是要求团队每个成员将自己的长板摒弃去拼命补足短板，而是要能够通过团队组织者的有效整合，将每个人的长板拼接到一起，最终形成高于所有人能力的木桶。

我曾经认识的一位网点负责人就是完全具备这项能力的卓越管理者。在他所经营管理的网点中，有的团队成员属于个人能力极强的，有的属于协调能力很强但是技术能力很弱的，还有的看起来都是拖团队后腿的，但是团队整体的氛围非常好。

我问过他们的团队成员，大家几乎说不出自己的领导有什么特长和优点，但是每个人都说，这个领导特别棒。在这位负责人到网点之前，这个网点的一切工作都浑浑噩噩，大家工作起来互相推诿，彼此都觉得对方有问题。这位负责人到岗后，并没有大刀阔斧地进行改革，而是跟每个人单独进行了一次深入面谈。在面谈中，每个人都觉得被重视了，每个人都觉得自己能够承担起团队的重要责任。

然后，这位负责人充分调动每个人的个人能动性，发挥每个人的特长，让个人能力很强的客户经理成为主力军，在各种会议上都给他们个人展示的机会，并且让他们能够承担更多的团队业绩目标；对于协调能力很强的柜员和大堂经理，让他们承担更多员工与客户之间的协调工作，并且还让他们负责组织每周的网点员工聚会；对于之前有些拖拉的客户经理，这位领导并没有批评，而是挖掘他的优势，让他成为网点产品宣传员，因为他不注意细节，但是口才很好，所以让他专门负责在大堂里把客户聚集起来后进行新产品、新业务的宣传工作。

这样人尽其能的分配和管理，让大家都觉得非常舒服，每个人都觉得自己得到了重用。并且，每周一次的团队聚会，帮助大家减轻了团队成员之间小摩擦带来的不快，很多矛盾也迎刃而解了。

网点负责人就是网点的大家长，要能够有效地组织和协调员工，让每个人都能够发挥自己的最大效能。我曾经在我的学员中做过一次调研，当我问到网点负责人最应该具备的基本能力时，80% 的客户经理和网点负责人回答我说，要具备组织和协调能力。由此可见，成为团队效能的组织者是非常重要的。

内外部客户的服务者

作为网点负责人还要成为内外部客户的服务者。如前面的章节所讲到的，网点的一项重要职能是金融服务职能，要促使网点实现金融服务职能，作为网点的管理者，能否履行服务职能是非常重要的。

管理的正三角形结构已经发生了反转，以前是自下而上的服务，在那种组织体系中，领导拥有至高无上的权威，员工都是为了给领导提供服务而存在的。这样的服务意识和服务形式导致员工的注意力都在领导者身上，不能也没有精力去思考外部客户的服务需求，更谈不上履行客户服务的职能了。

进入 21 世纪，由于市场和组织结构的快速变化，服务结构已经变为自上而下，只有管理者具备了服务意识，团队成员才能够拥有服务思维，进而把这种思维传达给客户。所以，服务好内部客户是网点服务转型的首要前提，也是服务好外部客户的关键因素。在本书中，我们会单独用一个章节来讲解和分析网点服务的重要性，所以在此不做过多赘述。

为绩效负责的营销者

网点负责人的最后一个角色就是为绩效负责的营销者。之所以把这个角色放在最后，不是说这个角色职能不重要，而是只有完成前面三个角色的个人认知，才能够实现这个角色的最终目标。相信能够实现良好的自我管理、管理好员工并且做好现场服务和管理的领导者，在营销能力上也不会有太大缺失。任何一个网点的存在都必须履行营销的使命，网点作为银行直接面对客户的终端接口，网点负责人的营销能力和营销业绩一定是对他的重点考评因素。

要成为卓越的营销者，网点负责人只拥有一定的客户资源和人脉关系是远远不够的。目前的市场营销已经不能停留在简单的客户关系维护上，深入的客户价值挖掘和提供有价值的营销服务越来越重要了。而且作为营销管理者，网点负责人还应该拥有完善的营销思维，能够统筹网点年度营销规划、制定短期的营销策略，结合客户情况和网点经营业绩做出精准的判断和分析，这些都是一位营销管理者必备的素质。

一个优秀的网点负责人是能够在这四个角色中随机切换的：在网点的日常运营中，更多的是履行一位管理者的职能，通过制度的制定、目标的管控来实现网点经营目标；在团队中，网点负责人要能够成为优秀的组织者和协调者，挖掘每个团队成员的优点，协助团队成员发挥个人的特长，创造更大的效能；在日常的工作中，网点负责人更要成为一位受人喜爱的服务者，从内部客户的服务到外部客户的服务，让每个到过网点的人都能够喜欢他；最后，作为一位职业经理人，网点负责人要时刻心系网点的各项营销指标，以企业家的精神来经营所在网点，使之实现盈利目标。

当然，要做到如此良好的角色认知和角色切换并非易事，这就要求我们的网点负责人要把自己的工作岗位作为自己的修炼道场，把每一项工作都用心做到最好。相信经过一段时间的努力，必定能成为卓越的网点管理者。

○ 不同管理风格适合不同的网点

既然网点负责人的首要职能是管理职能，那么作为管理者，其领导能力和领袖气质都将决定网点的发展方向。

我遇到一些网点负责人，他们会跟我说自己不具备领袖气质，没有什么管理能力，总是觉得其他人的性格更适合和胜任管理者的工作。实际上，在我们的组织管理中，每个领导都有自己的领导风格，并没有哪种风格更适合做领导的说法。

对于不同类型的员工队伍，需要不同风格的领导来带领员工成长。因此，可以把领导风格分为四种（如图 15 所示），即授权型领导、支持型领导、教练型领导和指令型领导。这四类领导分别有自己的管理特质和工作作风，很难说到底哪一类领导风格更好，只能说哪一类领导风格更适合其所在的网点。

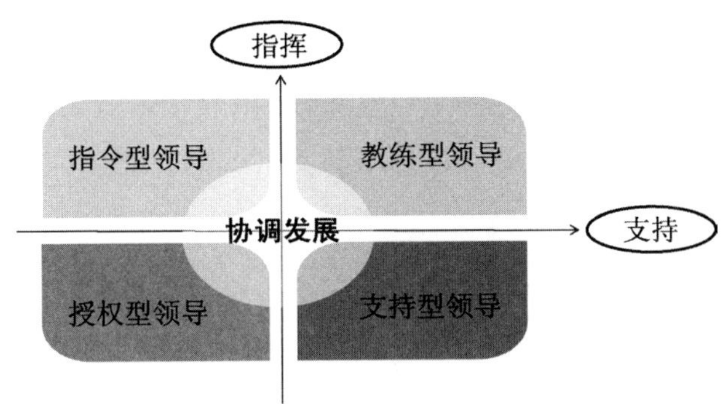

图 15 网点负责人的四种领导风格

作为一名卓越的管理者，需要做的就是能够精准地给自己定位，认识自己的优点和缺点，并争取将优点发挥到最大化，尽可能地规避自己的缺点。

授权型领导

授权型领导在四种风格的领导中是指挥最弱、支持最弱的领导。一般这类领导很少提供资源，也不会给下属很明确的指导。在决策和实施过程中，这类领导更倾向于让员工独立完成工作，并且独立承担责任。当然，这类领导并不是完全放任不管，是授权而不是放权。

授权型领导允许下属主动变革和成长，他们只在过程中进行关键点的把控。这类领导比较适合带领明星员工工作，因为明星员工个人能力较强，发展意愿明确，领导只需要提供充分的发展空间和平台，并且阶段性纠正关键点出现的问题即可。

支持型领导

这类领导在日常管理中，更关注的是对员工的支持，而很少指挥员工做事。在工作中，这类领导乐于让员工参与到工作决策中来，让每个人都能够创造性地发挥自己的能力。这类领导乐于举办一些头脑风暴式的会议，管理上更倾向于人际关系的管理，打造出来的团队氛围更加积极团结。

这类领导的指挥能力较弱，如果员工本身技能不过关会很难完成团队绩效。所以这类领导适合管理和带领的是老员工。老员工能力都很强，但是发展意愿不同，需要得到领导的支持和认可。支持型领导只需要把每个人的发展目标和意愿整合到一起，求同存异，发挥团队合作意识，就可以完成目标。

教练型领导

这类领导比较像球场上的教练，他们能够给队员提供很多的支持和指导。一场球踢得好不好，除了要靠球员的个人发挥，最重要的还有教练的战术。球员表现得好，教练要适当地鼓励和支持他们。

教练在决策的过程中会邀请员工参与，并支持他们完成目标。当然，在战略和战术上，教练还是拥有掌控权的。所以教练型领导可以让员工感觉到张弛有度的参与感，并且能够有效激发每个团队成员的主观能动性。

高指挥对员工的能力有帮助，高支持对员工的意愿有帮助。所以对于一些工作年限不长，正处于职业转型期的员工而言，教练型领导能够帮助他们理清工作目标，又能够调动他们的主观能动性。

指令型领导

这类领导在对待下属时，一般存在指挥度较高、支持度较少的情况。他们对员工的工作规范化、标准化要求非常清晰。员工在该类领导的指挥下，只需要按部就班地完成工作即可，不需要做过多的个人发挥，创造型的工作内容更少之又少。

这类领导善于决策，很少让员工参与到决策中来，他们能够很好地掌握工作进度，并且能够通过设置考评节点对员工的工作绩效进行考评。一般这种类型的领导比较适合带动工作意愿高但工作能力较低的员工，比如适合带领新员工。新员工在这类领导的带领下，能够培养良好的工作素质和工作状态，提升工作效能。

这四种领导风格分别适合网点的不同发展阶段，以及不同的团队特征和个人特征。作为网点负责人，你的工作风格可能与上述某类领导风格更为接近，但这并不代表你就只能够成为该类型领导。针对不同的员工和团队阶段，优秀的领导要有弹性地调整自己的领导风格和领导魅力，对团队的指挥和支持，要两手抓，两手都要硬。

网点管理者的核心职责是管理员工与工作

○ 没有优秀的个人，只有优秀的团队

在银行网点的组织管理中，每位员工都是网点的重要成员，都是组织目标实现的重要保障，所以员工的管理是网点负责人的核心工作职责。作为管理者，网点负责人不仅要考核员工工作目标的完成情况，还要关注员工工作职责的履行程度。

管理者的工作不仅是考核，更重要的是要让员工知道他们的工作职责究竟是什么，要为员工做好个人职业生涯规划，让员工清楚自己的目标和职责。只有每位员工都清楚自己的目标，履行自己的职责，网点的最终目标才能实现。

所以，在网点的员工管理过程中，不仅要做好结果导向的绩效考核，还要做好过程的考核。网点负责人要非常清晰地了解每位员工的工作职能、目标与发展方向。如果网点负责人无法做到对员工的基本把控，短期来看会影响网点的业绩，长期来看可能

会带来灾难。

那么，银行网点负责人应该如何进行员工管理呢？管理网点的员工就像大宅院的家长管理整个家庭一样，家庭里的每个人都有自己的目标，大家也有共同的理想和利益。让每位员工都朝着同一个目标努力工作，是网点负责人能力的体现。但是理想很丰满，现实很骨感。在管理员工的过程中，很多网点负责人都会觉得很为难，因为每个网点都会有一些积极的员工，也有一些特别消极的员工，还会有一些墙头草和无法调动的老员工。

这种人员结构基本上存在于每个银行网点中。作为网点负责人，要清晰地了解每种员工的特点，并有针对性地进行沟通和辅导。不然，积极的员工会变成消极的员工，消极的员工还会变得更加消极，老员工懈怠，墙头草更无法带动，网点的运行很容易掉进恶性循环中。

我们曾到过这样一个银行网点，网点里有一名员工特别有能量，但是负能量。由于这名员工对网点负责人存在不满，就发动所有员工联名上书弹劾负责人。上级领导没有别的办法，只能调一个新的网点负责人过来，结果还是被这名员工想办法赶走了。

连续两任领导都败走“麦城”，最后上级只能把省行个金部经理调到这个网点进行分管，这才算平息了这场“内战”。

要知道，这名员工能把事情做到这个程度，说明他还是很有能量的。那么问题出在哪里？是没有把这名员工的能量用到正确的地方，没能在事态恶化之前做好预测和合理的引导。

总体来说，银行网点的员工一般可以分为几类（如图16所示）：新兵、老员工、明星员工和病猫员工。新兵刚到网点工作，往往充满了热情和积极的态度，但是这类员工的弱点就是工作技能较弱，期待领导的关注。老员工与新兵刚好相反，老员工技能娴熟，但是部分老员工由于环境因素或其他原因导致工作积极性不高，工作态度不热情。明星员工集合了前两者的优点，态度积极，技能又强。病猫员工刚好集合了前两者的缺点，态度不积极，技能又不强。

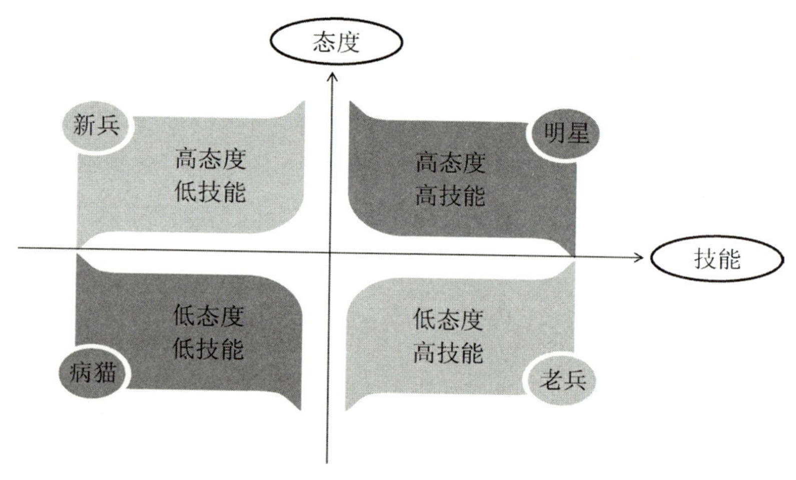

图16 银行网点的四类员工

通过这个图，我们发现，四类员工也是可以互相转化的，比如，老员工态度积极就能够变成明星员工，新兵态度消极也会变成病猫员工。掌握每类员工的核心诉求，时时刻刻关注员工的变化，在员工的不同状态、不同阶段因材施教，就能够帮助他们向正面转化。只有网点的大部分员工进入能量正循环，才能爆发出网点绩效的核能。

明星员工

虽然明星员工态度积极又技能娴熟，但是并不代表可以不用管理。明星员工的自律性很高，从绩效考评上来讲，我们是不需要过分参与管理的，但是为了让明星员工更好地发挥个人效能，网点负责人要适当地授权和放权，要帮助明星员工找到自我发展的空间和途径，不能让明星员工沉浸在自己的光环里不能自拔。

人最大的敌人就是自己。如果一名明星员工一直沉浸在自己的光环中，不但自己无法成长，还容易遭到同事们的嫉妒。时间久了，他自己也觉得总拿第一没有了新鲜感，大家对他的嫉妒也慢慢延伸成排斥，明星员工很可能会变成病猫员工。

所以，对明星员工，在业务能力上要充分授权，但是在日常运营管理中，又要对他们做好规范，让明星员工在不断挑战自己的过程中，成为网点其他员工的榜样。

新员工

对新员工我们要多给予一些机会。新员工在刚刚到一个岗位工作的时候，对自己的未来充满希望和憧憬，但是往往由于技能不够熟练或者对工作流程不熟悉而出错。此时，来自领导的鼓励十分重要。

我们在一个银行网点进行辅导时，遇到一个叫赵丹的女孩，这个女孩文质彬彬，不善言谈，在大堂做助理。此时整个网点都在进行标准化建设PK，全员都在行动，只有赵丹躲在大堂的角落里“无所事事”。我走过去给了赵丹一项工作，发现她很快就认真地完成了。

但是完成之后，她又一个人躲在角落里。后来我问她为什么不参与到大家的活动中来，她很苦恼地说，自己刚刚大学毕业没多久，就来这个网点做实习生，大家每天都很忙，她觉得自己什么忙都帮不上。有一次，她帮大堂经理整理单据，因为对业务不熟悉，把单据放错了位置，还连累大堂经理被骂。后来她做事就越来越小心，以至于觉得不做不错，多做多错。所以，大家都很忙的时候，她觉得躲在角落是最不给大家添乱的。

我问她的所学专业，原来她是学广告设计的。于是我又分配给她一项工作，就是给大堂画POP宣传海报。接到这个任务，她认认真真地工作起来，甚至连中午饭都没吃。当大家中午吃饭回来看到她画的海报时，都觉得不可思议，都向她投去赞许的目光。也因此，赵丹找到了自己的价值，从此也开始积极地参与到网点建设中来了。

新员工需要不断磨炼才能够成为老员工。作为网点负责人，我们要珍惜他们的热情，善于调动他们的积极性，因人设岗，因材施教，让一批又一批的新生力量带给网点激情与活力。

老员工

老员工本来就具备极好的技能，只要发挥得当，将为网点带来意想不到的成绩。一般老员工的工作态度不积极源于两个方面，一是进入了职业倦怠期，二是看不到希望。

任何人在同一个环境或者同一个工作岗位上工作一段时间，都容易进入职业倦怠期。进入职业倦怠期的员工都会有“想当年”的思维模式，这种思想的背后其实就是严重的失落感。他们觉得自己为组织奉献了那么多，却在逐渐被组织遗忘。时间长了，就会觉得看不到希望，所以自然就没有了工作热情。

在管理老员工的工作中，网点负责人首先要尊重他们，从内心深处尊重老员工曾经的努力和付出，尊重他们在组织中的价值。其次，要跟老员工多谈心，了解他们的想法，引导老员工在组织中继续起到积极的作用。我们不能要求老员工都像明星员工那样拥有高绩效，但是我们可以让老员工在网点起到积极的带动作用。

任何人都会为自己做最优的选择，没有人愿意被别人冷落和瞧不起，尤其是在组织中曾经做出过卓越贡献的老员工，当年他们能够加班加点地做业绩，现在他们仍然可以成为中流砥柱。

病猫型员工

对病猫型员工我们怎么办呢？很多网点负责人一提到这种类型的员工就头疼。于是大家会选择弃之不用，让他们自生自灭算了。但是即使这样，事实上也不能如我们所愿，因为往往这类员工不但不会自生自灭，搞不好还容易形成星火燎原之势。所以，对这类员工，我们不能不管，但是也不能过分关注。如果我们对这类员工过分关注，就会引发其他员工的导向型行为偏差，大家会觉得是不是只要成为病猫，领导就会更关心。对于病猫型员工，要恩威并重，从制度上要严格考核，但是从思想教育上，更要耐心。

我曾经在一个银行网点的辅导工作中，遇到一个穿着花衬衫、牛仔裤上班的客户经理。这位客户经理知道我是老师，是来网点指导工作的，但他看见我时还是一边剔牙，一边把早上买的报纸扔在工位上。

我知道，这个病猫病得不轻。于是我先向网点负责人了解情况，原来这个员工是之前银行改制的遗留问题，因为之前家里关系不错，贷款业务也做得好，所以就留在网点了。一直以来网点负责人都不敢管他，他要是不高兴就不做业务。现在，他的关系渐渐不起作用了，但是他的坏毛病却养成了。而且他觉得银行这么多年都欠着他，他可以在这里颐养天年，也不用干活，所以从来不遵守规定。

我先把这个情况反馈给了他们的分行领导，并且要求分行领导专门找这个客户经理面谈，向他说明情况的严重性，如果他不能遵守制度，就必须勒令开除。然后，我当晚就带领这个网点的全体员工开会，说明员工着装对于银行形象的重要性，并告知由于一个客户经理的着装问题，导致整个网点在活动中扣 200 分，当月全网点绩效奖金减 10%。

这个惩罚让这位客户经理产生了压力，于是在夕会时就说，这个问题是他自己的，可以惩罚他，没必要惩罚所有人。于是我想到要以他的团队意识为谈话切入点。当天夕会结束后，我单独跟他谈了一次，我告诉他团队惩罚是扭转不了的，因为这就是评分规则，之前说好了的。市场规则的运行也是这样，你可能觉得老办法行得通，但是不知道市场哪一天就彻底改变了。我们无法改变外在环境的变化，但是我们可以改变自己。之前你业务做得好，一方面是你的资源好，另一方面也是你的能力被市场认可。既然你有团队荣誉感，就要想办法赚回 200 分，从业绩上让大家对你刮目相看。另外绩效奖金是必须扣掉的，既然是因为你的错误扣分，你就请大家吃个饭，补偿一下吧。

第二天，这位客户经理穿了工装上班，虽然衣服穿在他身上显得有些别扭，但我还是带领大家表扬了他。

整个活动为期 7 天，最后两天，这位客户经理才找到了状态，谈了一笔大额贷款。为团队争回了 150 分。活动结束那天，整个团队一起庆功吃饭，是这位客户经理请客。酒过三巡，他感触颇深，他说这么多年都觉得自己不行，其实不是自己不行了，是自己没有调整过来，就这么白白浪费了 3 年，也耽误了团队 3 年。

由此可见，病猫型员工不是不能救，是要对症下药，恩威并重，不抛弃，不放弃。

做好网点的员工管理工作非常重要，对新兵要树标准给机会，对老兵要谈感情给尊重，对明星要树榜样给未来，对于病猫要讲底线给精神。管理者要厘清组织架构，对组织架构中的员工做好分类，进行有序的员工规划，让每个人都发挥自己的最大能动性，最终就能够爆发组织的核能。

○ 辅导与激励是激活团队的关键要素

支持员工实现自己的目标与计划的最有效方法就是对员工进行针对性的辅导，并匹配适合的激励措施。在培训、激励、辅导的三大育人措施中，员工的辅导是最良性也最高效的一种员工培养方法。辅导可以分为一对多辅导和一对一辅导，辅导的内容更加切合实际，对员工的指导性也非常强。激励是能够帮助员工短期达成目标的最有效手段。在任何一个项目的推进过程中，辅导与激励可以称为是双管齐下的中西药合剂配方。

员工辅导

曾经有一个机构专门针对员工的辅导做过一次测试，他们把员工分成 A 组和 B 组，然后对 A 组的领导说，你不要刻意去辅导这些员工；对 B 组的领导说，你要多花一些时间对这些员工进行辅导，大概多久要辅导一次，每次辅导的内容是什么。

经过两年的时间，再去看这两组员工，发现两组员工都有了一些绩效方面的成长，只是 A 组的员工工作绩效提升了 22%，而

B组员工的绩效提升了88%。任何一个新人到工作岗位上都需要领导给予及时的辅导与帮助。即使是一个老员工，在特定的情况下，也是需要网点负责人辅导的。辅导的内容多种多样，有的辅导是解决技术上的问题，有的是解决心理上的问题。

我们在网点工作中经常会遇到各种各样的问题，很多问题看起来是发生在某个员工身上，但其实这是一种团队管理问题的外在表现。

某商业银行的网点负责人曾遇到过这样一个棘手问题：这个网点的上下班时间管理存在很大的问题，经常有人迟到，工作状态也懒懒散散。于是，网点负责人就制定了迟到扣款制度：迟到半小时内扣50元，迟到半小时以上扣100元。

结果某天员工小A迟到了半个小时，到单位的时候还是懒洋洋的。网点负责人就说根据制度要扣钱，这时小A直接掏出了1000元钱跟他说："这1000元钱放到这，你给我打个收条，以后就慢慢扣吧。"然后，那天晚上下班小A连卡都不打了。

网点负责人本就一肚子的气，到了第二天中午，员工B找到他又说："昨天晚上小A跟我吃饭说，他昨天迟到了你跟他要钱，他恨死你了，还说当时就想把钱砸到你脸上。说客户经理D迟到你就没扣钱。"

面对这种情况，作为网点负责人应该如何处理？首先要分析为什么在网点会出现这种情况，其次要对相关人员的行为进行分析。客户经理 A 的表现表示出他对罚款制度非常不满意，而且罚款这种规定对他改正迟到早退也没有任何帮助。所以作为网点负责人，要考虑不通过罚款而通过其他形式来改善客户经理 A 的迟到早退问题。

员工 B 为什么来告状？有可能这个人平时就很爱说闲话，也有可能他跟 A 的关系并不好。那么应该如何处理 B 的问题？直接跟B说“你下次不要来说别人的坏话”？那么B也会产生不良情绪，而且在日后的管理上就更加被动。那么鼓励他来说人闲话吗？那也是不对的。

作为网点负责人，如何进行有效辅导呢？首先，要先对所有网点的员工进行了解，通过侧面了解为什么这些员工会经常迟到。其次，通过辅导先改变 A 的态度。第三，可以通过一对多的会议或者辅导的形式来建立全员认同机制，确保每个人都能够不迟到。

在对 A 进行辅导的时候，要有效运用员工的一对一辅导技巧。作为管理者，如果一直用制度来压制员工，往往会适得其反。一对一的有效辅导能够帮助管理者解决这个难题，在只有管理者和员工两个人的时候，对方更容易敞开心扉聊天。这就需要管理者与员工进行面谈时，要先把自己的身份放下，用心交流，解决问题是重点。

一对一的辅导流程一般是这样的：

解决情绪问题。通过与 A 的交流，先让 A 抛开由于罚款带来的坏情绪，能够心平气和地进入面谈的主题中来。

了解问题。首先让A来阐述自己迟到的原因，以及自己对这种迟到行为的看法和感受。通过了解问题的本质，找到打开员工心扉的钥匙。

厘清目标。当A说明原因后，坦诚地阐述由于A的迟到给他自己和整个网点其他员工带来的影响，并分析未来工作的目标。让A知道改善这个问题能够带来的好处，并制定接下来一个月或者一个季度不要迟到的目标。

奖惩措施。征得A的同意后，来共同制定一种奖惩措施，这种措施不一定要罚款，可以让A再迟到就请网点员工吃饭或者迟到一次要增加5个客户拜访量，等等，要A自己提出惩罚机制。当然要奖惩有度。

在跟A面谈结束后，要积极召开夕会或者阶段性的总结会。通过会议的形式进行一次一对多的辅导沟通。在一对多的沟通中，要注意解决共性问题，不要解决个性问题。如果直接拿A的情况来解说，就会给A造成压力。

所以网点负责人最好能够出示一下最近一阶段的打卡情况，说明一下大家由于工作或者个人原因都出现了漏打卡或者迟到的情况，这个情况给整个网点带来了消极影响。帮助大家厘清集体目标之后，了解迟到的共性原因，比如，由于最近加班比较多，大家很累，才出现迟到。如果有共性原因就来想办法解决，引导大家一起制定一个解决方案；如果都是个性原因，就不要在会议上解决。

我们曾经在一个银行网点试用了这样的制度：员工迟到30分钟以内乐捐20元，超过30分钟，乐捐50元。管理者迟到30分钟以内乐捐50元，超过30分钟，乐捐100元。这笔钱就作为网点的活动基金，如果当月乐捐金额不超过500元，那么就不活动，这些钱自动滚入下期活动经费。如果当月乐捐金额超过500元，网点负责人就带大家组织活动。结果制度开始执行的第一个月，就只乐捐了300元，于是网点负责人自己拿了200元补齐请大家一起聚餐。

第二个月，就一块钱乐捐都没有了，网点的工作人员把这件事情当成一种娱乐方式，都努力不迟到，让领导请吃饭。

一旦制定了奖惩制度就要执行，要网点所有人互相监督，调动团队的力量。这种一对多的辅导是建立在团队集体利益基础之上的。

无论是一对一辅导还是一对多辅导，在辅导的过程中，我们首先要了解本次辅导的目标，不要做无目的辅导。我们找员工谈多久？谈什么？谈到什么程度？要准备哪些资料？这些要在辅导之前做好准备。其次，要做好员工辅导，沟通也很重要，辅导和培训、会议不同，沟通一定是双向的，要让员工觉得这种辅导过程中他们有话语权，能够敞开心扉地进行交流。最后，在辅导中，管理者要达成目标，聆听非常重要。要耐心聆听员工对自己行为的解释，才能从中找到切入点来协调统一员工的个人目标与网点目标。

员工激励

在员工管理与辅导中，都避免不了要对员工进行激励，激励往往比惩罚更加有效。因为人性都是趋利的。

做好员工的激励，要分别理解两个激励理论：第一就是赫兹伯格的双因素理论，这个理论向我们阐明了一般员工对自己所处的环境有两个状态：满意和不满意，导致员工产生这两种状态的原因大部分源于工作环境。如果作为管理者，无法在工作环境上实现员工满意，就很难实现真正意义上的员工激励。

但是赫兹伯格同时也告诉我们，员工除了满意和不满意之外，还有两个中间状态，分别是消除不满意之后的没有不满意状态，以及再近一层次的没有满意状态。这两种状态并不代表员工已经满意了，只能说员工暂时觉得不至于不满意而已。

某银行的员工工资很低，员工的工作热情也很低。后来行里决定把员工工资上调 10% ～ 15%。过了一个季度后调查发现，员工并没有表现出满意，而且工作热情也没有上升。更深一步的调查显示，员工觉得本来就应该涨工资，因为自己已经白白给行里做苦力很多年了，现在涨工资也属于正常现象。所以员工没有感恩，反而觉得理所应当。这种状态就只能叫作没有不满意的状态，没有不满意的状态并不能给员工带来工作的积极效能。

所以在激励员工的过程中，我们首先要考虑到的是赫兹伯格理论，因为基于员工的不满意状态和没有不满意状态都很难真正意义上调动员工的积极性，甚至有时候我们的激励还会产生反效果。

做好激励的第二个重要理论就是马斯洛的五大需求层次理论。作为管理者如何有效地应用这五大需求层次理论非常重要。对每个员工而言，五大需求层次是同时存在的，我们要能够区分在当下哪个需求能对员工起到积极的作用。

我们曾经让某银行网点员工进行个人职业规划，其中有一个男孩子说："老师，我没有很大的目标，对刚毕业的我来说，就是要自己独立赚钱，要是每个月能吃上一顿必胜客就已经很好了。"

另外一个男孩子却说："我要来银行工作是因为我要当行长，不想当行长的员工不是好员工。我还要到广东分行去当行长。"

对这两个男孩子的个人规划，我们不能说哪个对，哪个错，所有人都会基于自己过往的经验和当下的环境为自己做出最优的选择。所以，网点负责人只需要依据他们两个的不同诉求进行有效激励就可以了。

给第一个人做计划时要考虑到他每个月吃必胜客的需求，用来激励他快速成长。给第二个人做计划时要让他多承担重要的职责，规划他的个人发展。

合理地运用马斯洛需求的五个层次理论来进行员工激励会起

到事半功倍的效果。那么具体的激励措施有哪些？我们给大家整理了十大激励措施，供大家参考。

造梦激励法。很多网点负责人都在用这种方法，用得好会起到积极的作用，用得不好会让大家说成“画大饼”。这里说的造梦激励不是要网点负责人给员工设定梦想，每个人都有自己的梦想，我们不能给别人强加梦想，而是要尊重员工的个人梦想。无论员工的梦想是大是小，我们都要认真对待。比如，有的网点负责人就在网点做一个梦想板，让员工把自己当时的梦想写上去。这种梦想的展示要可视化，可以随时提醒每个员工这个月要完成的目标。每个月完成自己梦想的员工会得到大家的鼓励和表扬。

前途激励法。主要通过竞聘和推荐晋升的方式来激励员工。对不安于现状且希望未来有发展的员工来说，这种激励方式非常有效。要做前途激励法，网点负责人就要给员工有效地剖析：为了适应未来晋升的岗位，当下应该进行哪些努力，不要给员工开空头支票。

职业培训激励法。把培训当成一种激励也是一种非常好的方式，因为现在终身学习已经成为每个职业人的成长方向。网点负责人可以把行内的一些重要培训或者其他类型的职业培训作为激励措施，专门针对一些学习热情度高、对未来发展有规划的员工。比如，对行内的一些理财规划师的考试名额，可以在网点内进行阶段性的奖励竞拍，让希望学习的人，能够通过个人努力获得学习成长的机会。

目标理由激励法。这种激励方法就是把员工的工作目标与他的阶段性家庭目标或者个人生活目标相结合，通过了解员工制定目标的理由来进行辅导。比如，有些员工制定当月的工作目标是为了给孩子报一个课后辅导班。把工作目标和个人生活目标相结合，能够更有效地激励员工去达成。

情感理由激励法。人和人之间最神秘的力量就是情感的力量。情感激励法可以说是效果最好也最持久的一种方法。管理者可以通过了解员工的家庭或生活中的各种问题，主动提供帮助，建立情感链接，最终通过这种情感的维系来实现对员工的激励。

我认识一个企业老板在这方面做得非常好。在他的企业中极力倡导家文化。无论员工每个月的工资多少，他都会把其中10%～15%的工资发给员工的父母。因为企业的员工都很年轻，基本上都是月光族，通过这种方式不但帮员工存下了一些钱，更体现了员工的孝心。这种维系在企业中浓浓的情感，让激励效果更加有效。

挑战竞赛激励法。这种激励方法是通过团队之间的挑战，激发每个员工的斗志。先将所有员工分成几个小分队，然后让队伍之间进行竞赛。当然，奖励的内容可以不局限在金钱和物质上，比如，我知道的某个网点，他们就通过赢一顿饭、赢一次休息时间等方式来实现这种内部的奖励竞赛，不但激发了每个员工的主观能动性，更有效提升了团队凝聚力。

团队文化激励法。这种激励方法是通过团队文化的形式来达成个人目标的有效方法。通过团队文化的塑造，帮助员工将个人目标变成更有意义的可实现目标。比如，如果我们仅仅倡导要多读书，很多员工就会觉得，我读不读书、学不学习是我自己的事情，跟你们有什么关系。但是如果我们打造学习型团队，在团队中弘扬读书文化，在早会里也专门设置读书分享专题，这样大家就会觉得读书不仅仅是自己的事情，也不是强加给他们的困难的事情，读书变成了集体的事情，集体的事情就不能因为个人原因而拖后腿。这种团队文化的激励方法对于“二六二法则”中的六成员工非常适用。

无路可走激励法。这种激励方法可以说是置之死地而后生的一种方法，古代韩信的背水一战就是此种方法的最佳案例。作为管理者，我们可以通过无路可走的方法，打破员工的舒适区，让他们无所顾忌地向前冲。创造这样的环境，让员工觉得只有一条路可走，往往也是一种能够快速突破绩效的方法。这种方法一般比较适用于阶段性的业务冲刺和网点之间的大型竞赛中。

公众承诺激励法。每个人对自己的承诺都有必须负责的意识和心理，尤其是在公众面前做出的承诺，都是要兑现的。我以前工作的时候，每当遇到自己觉得困难或者无法完成的目标时，我都会找机会在公众面前做出承诺，因为这个承诺，我就不会给自己任何推脱的理由，会想尽办法完成自己的目标。

对我的团队员工，我也一样会要求他们做出这种公众性的承诺。每个月的月度例会，我们会一起研讨下个月的工作目标，以及如何完成，每个人的目标都在可完成和可衡量的情况下进行设定。然后要求员工自己决定如果完不成目标要如何。有的人会说要请大家吃饭，有的说自己吃榴梿。当然这种无法达成目标的惩罚一定是他们自己觉得最怕的或者最不喜欢的。如果完成目标，员工对自己也有奖励，如果全员都完成目标我还会额外奖励大家。

其实在这个过程中，真正起作用的不是给大家的奖励，最重要的是每个人都在公众面前做出了自己的承诺。这种承诺是非常重要的，没有人愿意背负上无法履行承诺的名声。

表扬激励法。在马斯洛的五个需求层次中我们不难发现，物质激励并不是唯一的激励措施和激励手段，尤其针对某些银行的员工而言，他们的物质生活非常不错，所以精神激励就变得特别重要。

往往领导的一句表扬对他们来说都是很好的激励。懂得表扬员工，通过表扬将员工的正确行为固化，激励员工不断向我们期待的方向发展是一种领导的艺术。不要吝啬自己的表扬，在团队中存下积极的情感账户，通过表扬来激励员工会给我们的工作带来意想不到的效果。

辅导与激励并不是某一个时间段来进行的一种形式上的管理手段，而是要潜移默化地融入工作的各种细节中。当员工遇到问题的时候能否及时提供辅导，当员工做得好时是否可以马上得到表扬，这些看似细节的管理方式会随着时间的积累成为我们打造一支坚不可摧的钢铁团队的关键要素。

○ 培训与会议是团队成长的必经之路

员工培训

作为银行网点负责人的一个重要职责，就是培训员工使其符合岗位需求。网点员工的培训有制式化的行内新员工培训；有定期的对应岗位培训；有些银行还会举办一些“学分制培训”，这类培训没有固定的参训对象，由行内人力资源部定期举办，并且通知给各个网点负责人，由网点负责人选择或者以学员自愿的形式开展。

这三类培训对员工的成长至关重要，网点负责人在员工当下的日常工作和关乎未来成长的培训中，要做出一个抉择其实并不难。要知道，良好的培训才可以确保更加可持续的业绩增长。

那么，作为网点负责人，如何将培训转化为生产力呢？这是每个网点负责人都面临的重要问题。很多网点负责人发现行内的培训结束后，员工往往并没有真正学到重要、实用的技能。或者即使培训非常重要，由于没有及时应用到工作中，新学习的技能和产品知识也会慢慢被员工遗忘。久而久之，大家就觉得行内的培训是形式化的，没有用的。

有时候学员会把这种枯燥乏味的学习感受带回网点。网点负责人问到培训效果如何时，学员的回答往往是一般或者不好。其实这很大程度上是对学习氛围的感受，具体落实到知识层面上，我们还需要细细斟酌。

作为网点负责人，我们要以培训的最终目标为核心，对参训学员进行有效的反馈指导。这也是培训的一项重要工作。如果把网点负责人比喻成父母，请问，我们把孩子送到幼儿园或者小学后，每天放学后要做什么？是按照老师的叮嘱帮助孩子温习功课或者做作业吧。

那么，对于网点的每个员工，他们参加完培训后，作为网点负责人的一项重要工作就是帮助他们温习功课。所以网点负责人应该在学员参与培训之前就对本次培训进行了解，并告知本次培训的重要性和需要重点学习的知识。等参训员工回到网点，就要帮助学员完成学习知识体系的搭建，然后给学员创造一个可以有效利用所学知识的空间。通过一段时间的理论与实践结合，再邀请学员对课程内容进行网点内部分享。

这样做的好处有三点：第一，对培训所学知识能够做到有效传承；第二，让参训学员教学相长，在实践中掌握所学知识；第三，建立积极的、正面的学习型组织，让每次培训的机会成为精神奖励的最佳机制。

会议经营

除了定期以分行为核心展开的系列培训以外，网点也应该定期组织自己的小型培训。当然，网点的小型培训不必非常正规，因为极其正规的学习氛围会给人以压迫感。可以在网点组织小规模的学习分享会或者研讨会，以会代训。

以会代训也是一种会议形式，是会议的一种意义所在。在一个网点，通常举办的会议有晨会、夕会和月度经营分析会。

晨会。一日之计在于晨。每日工作前，举办一次鼓舞人心的晨会，能对一天的工作起到积极正面的作用。晨会现在已经成为每个网点的重点经营项目。但是每个网点的晨会经营方式和效果却大相径庭。我见过最简单的晨会就是一个网点负责人带领所有人站在网点大厅，诵读千年不变的一句口号："××支行，合规经营，力争上游！"紧接着网点负责人用千年不变的语气布置千年不变的工作，最后，每个人检查一下自己的着装，就开始工作了。这能叫晨会吗？这种只能叫早晨开了一个会。

一个优质的晨会是能够达成以下四个基本目标的：鼓舞士气、荣誉激励、塑造文化、推动业务。晨会的形式可以多种多样，最重要的是让员工具有强烈的参与意愿并提升员工的工作绩效。

某银行一个80后网点负责人带领自己的员工开了各种趣味晨会。其中有一天的趣味晨会内容是头脑风暴会，会议的主旨就是如何把互联网思维运用到网点日常工作中。提前一天下发了论题，第二天一大早，每位工作人员都本着主人翁的精神做好了自己的作业，想在团队面前展示一番。

他们的会议流程是这样的：

热身舞：由上周的业绩冠军带领大家跳《小苹果》；

团队士气展示：他们是分为柜员组、管理组、大堂和理财经理组来分别展示团队口号的；

成果分享：每个人针对前一天的课题发表自己的想法；

荣誉颁奖：每个人匿名投票，选出最有创意的点子，该点子的发起人就会获得一杯霸王杯饮品。

欢呼开业！

这样的晨会实现了团队士气的鼓舞、分享文化的建立、以积极努力思考为导向的激励，以及营销策划点子对团队业绩推动的目的，每一项都完成得非常优秀，并且一切都变得如此顺理成章。这就是一个好的晨会。好的晨会不会拘泥于流程，好的晨会可以以各种形式展开，只要是团队成员喜欢的形式，只要能够达成网点经营的目标，就是好的晨会。

夕会。夕会是一天工作最佳的总结时机，也是把工作留在网点的最好时机。很多员工经常抱怨工作压力大，在某种程度上就是没能把工作“留在网点”。我说的这种留在网点不是实质上的留下，而是心理上的留下。

经过一天如此劳累的工作，很多员工还要把疲惫带回家，在家里也并不轻松的他们也会把全部的不满宣泄在辛苦的工作中。这种恶性循环久而久之会为工作带来很大的负面影响，除了影响员工本人，还会影响到网点的日常工作。所以经营夕会非常重要。

我遇到过一家银行的工作人员，非常害怕开夕会，一到夕会的时刻，就是他一天最痛苦的时刻。晨会领导指派任务，夕会就会来验收。就好像农民春天播种，秋天收割一样，无论你是否完成了当天的任务，都必须要做汇报。一旦完不成任务，夕会就直接变成了批斗会。这样的网点负责人恰恰是不知道夕会的真正意义所在。

一个良好的夕会要能够解决以下几个问题：工作问题的交流与分享、情绪的改善、工作总结、成员沟通。所以一次良好的夕会应该是这样的。

团队按摩操： 帮助大家放松一天紧张的情绪和精神，快速进入一种休息状态，把工作留在单位。每个人对一天的工作进行总结（说两个工作中的优点和一个遇到的问题）。这样做是为了帮助团队建立积极的正导向。如果还有很多问题需要解决，可以建立一个团队问题栏，大家把遇到的问题写在纸上，一方面用来减轻心理压力，另一方面也可以形成用集体智慧解决问题的方式。

头脑风暴： 针对大家遇到的比较共性的问题，提出可行性的解决方案，如果仅仅是两个岗位之间的沟通不善，一起考虑如何通过更有效的流程来完成。

拥抱回家： 彼此拥抱，拍拍对方的肩膀，告诉他，明天还是很美好的，别把问题带回家！

可以看出，这样的一场夕会，既能够帮助大家解决问题，又提高了团队成员之间的亲密度，对于网点的管理是非常积极和有效的。当然，夕会也不仅仅是用来解决问题的。比如，在某些重大培训结束之后，夕会可以作为实操演练的现场，每天抽两个人对所学的业务技能和面谈技巧等进行实操演练，其他人做评委进行打分。每周最高分的获得者可以获得一些团队小奖励等。

总之，晨夕会经营是一场持久战，你在网点工作多久，就要开多久的晨夕会，如果晨夕会流于形式，还不如不开。开得不好的晨夕会会导致员工厌倦开会，还会把对晨夕会的厌恶情绪带到工作中来。而良好的晨夕会能够鼓舞士气，解决问题，塑造文化，提升业绩。测评网点晨夕会的一项重要指标就是网点的工作人员是否积极、踊跃地参与到晨夕会经营中来。同时，我们还可以借助晨夕会的经营平台来培养优秀的储备人才。

月度经营分析会。月度经营分析会不是每个网点都在开，在很多银行，这种月度经营分析会的组织和主办一般都停留在分行层面，网点单独组织的非常少。大家都觉得每天工作压力那么大，还要开月度经营分析会，怀疑是否真的有这个必要。我用一个大家都能快速理解的方式来解读月度经营分析会，就是磨刀不误砍柴工。月度经营分析会能够带领网点成员建立良好的目标感和荣誉感，同时还能够帮助全体网点成员建立极强的团队凝聚力和协作力。

在任何一项工作中，能够有效分割每个工作节点，并根据上一个节点的工作总结来开展接下来的工作，变得十分重要。每月一次的月度总结分析会可以达成的目标有以下几点：

1. 月度目标盘点，对下一个阶段的目标设定具有重要意义；

2. 员工个人的自查自省，对每个员工当月工作做一个良好的总结；

3. 积极挖掘优势，对上一阶段的某项决策和营销项目做优势分析或排查不足。

4. 集合全体成员的思想，进行有效的头脑风暴，形成以行为家的经营思维和经营理念。

举办月份经营分析会，谨记不要开成批斗会。中国人最讨厌开的两类会议：一类是批斗会，一类是无底会。要让 80 后、90 后爱上开会，就要充分发挥他们的积极性，提升他们的参与度。

我曾经有一位领导，在开会这个方面非常智慧。每次要举办月度例会或者季度会议之前的两天，他都会发邮件给部门全体成员，并要求填写后回复。回复的内容有两部分：第一部分就是每个员工对自己一个月工作的总结。这样做，就不需要在开会的时候，还让每个人在全体成员面前诵读自己冗长又没有意义的工作汇报。第二部分就是大家决定这个月重点要解决的问题是什么，每个员工都会根据自己岗位遇到的问题和公司正在推行的项目进行描述。领导就会以他的立场先做一次甄别，个性问题，容易引起团队矛盾的问题，他会私下里解决；如果是共性问题，就成为本月月度例会的研讨内容。

在开会前一天，他会把对大家本月工作的总结批复和本次会议的重要议题发给大家。同时，领导还会定好第二天晚上的饭店或者其他娱乐活动。到了会议的那天，所有人都非常期待，一方面可以施展自己的聪明才智，献计献策。被选中的科室当天晚上的娱乐活动免单，没选上的就AA制。这让大家觉得公平合理，也激发了每个人的工作热情。

这种月度分析例会成了该网点每个月的例行活动，也是每个员工都极度期待的活动。其原因就是月度会议能够解决实质性问题，让每个员工都以主人翁的心态参与其中。最重要的是，会议结束后，大家还能一起欢聚一场，虽然AA制，但是在同事们的欢笑声中，很多工作上的问题也就解决了。

跟这位领导一起工作的日子是非常开心的，也是效率最高的，每个人都能够朝着部门的终极目标进发，每个人都了解身边人在做什么，每个人都知道自己应该做什么。

互联网时代银行网点的营销策略

网点负责人需要具有更加清晰的网点营销目标、更透彻的客户分析能力和产品解读能力，并发挥网点的地理优势，通过新颖、有趣的营销活动来提升网点的经营绩效。

在互联网时代，银行网点营销转型面对的最大挑战是，要跳出传统的银行网点经营思维，从客户、渠道、产品、营销这四个方面来进行“互联网 +”银行网点的转型打造。作为一个网点负责人，要脱离银行大机构的荣誉感和传统的营销思维，从职业经理人的角度来进行银行网点营销思考。

我国银行业正经历着一场有史以来最大的变革，随着我国产业结构的调整，国民收入体制和收入结构也发生了重大变化，金融服务群体和金融产品结构也发生了剧烈变化。同时，我国的银行业还在经历着与外资银行、国际金融机构同平台逐鹿的外部环境。可以说，在全世界银行的发展历史上，如此具有中国特色的变革确实是前无古人、后无来者了。对银行的从业者而言，能够经历如此的行业和产业结构调整，也可以说是一种幸运。

互联网时代客户财富结构变化必然促使银行网点营销管理的转型和变革。这种转型和变革促使客户金融服务的“四化”产生（如图 17 所示），即财富结构多元化、客户采购理性化、产品结构个性化和金融服务专业化。

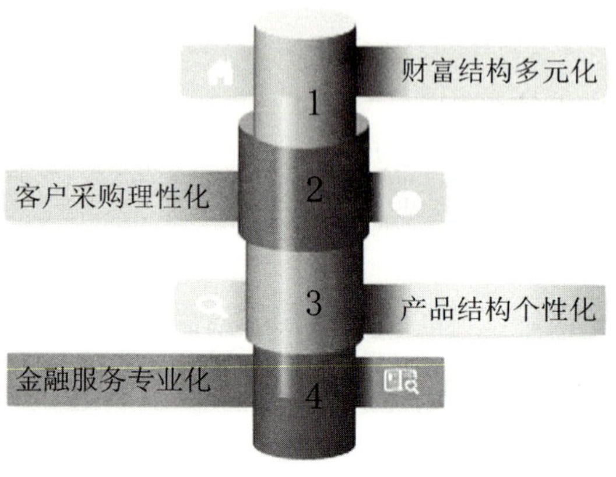

图 17　互联网时代的客户金融服务的“四化”

财富结构多元化

这是互联网时代的最大特色。如今，客户的财富管理方式已经不单单依赖银行了，在我国能够实现金融服务和财富管理的机构可谓百花齐放。这种财富结构的多元化给银行的营销管理带来的最大挑战是：信息的充分对称，甚至金融服务的信息出现了从产业上游向下游发展的趋势。由于信息的充分公开，原本的卖方市场转变为买方市场。不再具有信息优势的银行从业者不但要不断完善自身业务素质，更重要的是要能够帮助客户进行信息的有效处理，同时通过金融产品结构的完善来实现业务的推动。

客户采购理性化

这是信息的充分对称带来的必然结果。由于对金融行业的产品、服务等各方面的相关要素了解得足够充分，客户在采购金融产品及金融服务的过程中，会趋于理性，倾向于进行同业对比。这就要求网点负责人要充分了解竞争对手的产品，更透彻地了解客户的需求，才能够有机会在竞争中获得胜利。

产品结构个性化

在新常态的竞争格局下，产品结构的个性化不仅要能够研发更多的新产品以适应市场，更重要的是要能够提供更符合客户需求的产品组合。未来客户在决策的过程中，不仅会考虑到成本需求，更会考虑到价值需求。所以，对银行产品的解读和产品的组合设计将成为每位银行从业者的重要工作。

金融服务专业化

在新常态的金融市场上，每个市场参与主体都既是金融服务的供应者，又是金融服务的享受者。金融服务由传统的银行业务、保险业务或者证券业务的结构性业务分类，转变为金融生活服务、金融商务服务、金融财务服务等以客户为导向型的业务分类。

对这种市场环境的变革，客户会要求网点服务更加专业化，希望用最便捷的方式来对接金融服务。也就是说，银行网点或者工作人员能够成为客户对接金融服务的唯一专业化平台。对客户而言，最好的金融服务就是通过一个服务单位实现所有金融产品的采购。

鉴于新常态下的财富结构变化和市场竞争环境的变革，作为网点负责人，要想很好地履行网点营销管理的职能，就需要更加清晰的网点营销目标、更透彻的客户分析能力和产品解读能力，并能够发挥网点的地理优势，通过新颖、有趣的营销活动来提升网点的经营绩效。

搭建目标导向型的网点营销系统

网点营销系统的搭建是持续保持网点营销活力和营销绩效的重要保证。网点的营销系统是一个自上而下统筹、自下而上行动的营销模型。

自上而下统筹指的是网点负责人要做好网点年度发展的统筹规划，依据总行和分行对网点发展的定位规划而设计年度营销规划，清晰地描绘网点愿景、营销目标，并能够做好人员的分工、人才梯队的建设和培养。

自下而上行动指的是网点负责人要将具体的营销活动和策划授权给具体的执行者，如客户经理等，让在一线接触客户的营销队伍能够根据客户的变化做出最快速的应对。

这种高效能的营销系统搭建不能简单依靠制度或者团队人员的自觉性。确切地说，一个系统的建设是一项大的工程，需要网点负责人深耕于所工作的网点，通过系统了解网点周边的市场环境、网点内部人员结构，以及上层领导对网点的期许定位做出综合性的判断，再通过网点的日常经营与员工辅导，最终实现整体营销系统的建设。

某商业银行的网点负责人小李到网点工作，经过半年左右的时间，发现这个网点基本上靠自然业绩的增长来维持日常的营销。为了搭建网点的营销系统和树立网点品牌形象，小李首先对网点的三类客户进行了分析，发现网点的重点服务客户是一些企事业单位的工作人员，还有一些老年人。大部分客户来网点办理的业务都是存取款业务，与网点工作人员没有太多的深入沟通和接触。网点工作人员也习惯性地认为完成制式化的工作，只要不出错就是好员工。所以网点整体没有太强烈的营销意识，更不用提营销思维建设。

小李对网点工作人员分别做了了解和分析，发现大堂经理王姐是个很热情的姐姐，但是由于已经习惯了制式化工作，虽然会在基础工作上较其他大堂经理更具一份热情，却没能发挥出最好的效果；柜员小郭也是一个热心肠，但是因为同事们都循规蹈矩，自己也就不越雷池一步；另外两个柜员是新员工，对网点情况不了解，也没有掌握产品知识，不具备营销能力；客户经理张哥是个满腹经纶的人，尤其对经济形势的分析和预测说起来头头是道。挖掘过每个人的特点和长处，小李下定决心对网点进行全方位改造。

首先，小李根据网点的客户情况，以及总分行对网点的社区银行定位进行了系统的思考，首先规划出了网点的三年、五年发展目标和网点蓝图。同时，他也调取了网点过去两年的经营数据和每个员工的绩效考评情况，认真分析每个人的营销强项和营销特点。

其次，小李又针对当年的年度营销目标进行有效分解，不但进行了季度、月度目标的分解，还将目标合理地分解给每个网点同事。在完成了个人对网点的规划之后，小李并没有马上以网点负责人的管理者角度进行强制性任务分配和发放，而是分别找到网点的影响力中心王姐和张哥进行一对一的辅导面谈。在辅导面谈过程中，小李把网点未来的规划和自己的想法坦诚地跟两位老员工进行了交流，也了解了他们的思路，并尊重他们的建议，进行策略性的调整，最终获得了两位老员工的支持。

最后，小李召开了网点年度工作会议，就网点的发展目标和愿景为员工进行了解读，清晰地分析了年度营销计划，明确了为达成计划目标，网点能够给大家提供的支持和帮助，同时公布了目标达成的奖惩措施。要求员工依据网点的年度营销目标和计划明确自己的任务指标，并且进行一对一的指导。

明确了每个人的工作目标，小李为发挥每个员工的能动性做了一系列工作，比如，给张哥举办个人财富管理沙龙；让王姐负责厅堂营销与布置；柜员小郭也被大家带动到营销活动中来，在工作之余协助网点进行客户关系的维护和电话邀约工作；另外两个新人也在大家的带动下，认真完成每次营销活动的协助工作。

随着网点整体营销氛围越来越好，来网点的客户也越来越多。同时在网点内部，小李也通过晨夕会的有效经营，搭建了一个学习型的平台，人人为师，在学习中成长。

经过一年的经营，网点的绩效提升了150%。而这样的一个营销系统，必将为小李的网点带来可持续性的成长。

○ 实现网点持续经营的四大目标

在互联网时代，网点的营销目标也有所调整，银行2.0时代的网点功能更多是以业务办理为主，但是在银行3.0时代，网点功能更多倾向于提供金融服务。同样，在以往的银行网点营销过程中，都是以实际绩效为导向。这种绩效导向型营销因为过于注重结果，所以在业务办理过程中产生了很多隐性风险，而且在互联网经营思维的冲击下，网点的定位和营销目标也都发生了变革。

网点的营销目标将被调整为品牌宣传、提升用户流量、增加用户资产、培养用户黏性这四大模块（如图18所示）。为了实现网点的这四大营销目标，我们必须有效地利用互联网营销工具，建立客户与网点之间的O2O互动平台。

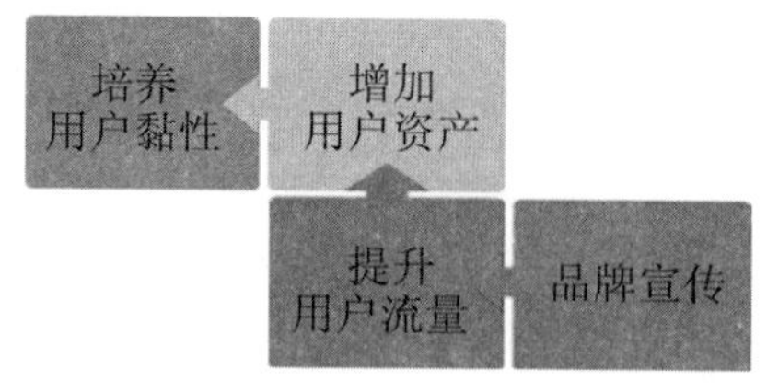

图18　互联网时代网点营销目标

对互联网时代的客户经营，我们首先要转变传统意义上的客户思维，立足用户的基本思维层面来进行营销策划和统筹。在互联网时代，大部分客户的业务办理会转到二维服务渠道，但这并不表示银行网点的作用减弱了，而是更应该彰显实体终端的经营价值。

通过跟网点负责人和员工的沟通，我们发现大部分银行从业人员并没有真正建立起客户关系维护和品牌宣传的营销思维。网点的工作人员都以客户的促成价值为导向，所以忽略了很多客户的真实价值和终身价值。目前，一些股份制商业银行的管理者已经开始意识到上述问题，因此在客户关系管理的这个重要的营销模块做了深入研究，并针对网点的实际情况进行了有效调整。

品牌宣传

银行网点作为与客户接触的最直接服务终端，必须要完成的首要任务就是品牌形象的宣传。在金融市场日趋成熟的今天，网点的服务功能和服务品质是客户最为关注的。营销再也不能简单地停留在产品上，而要转型到品牌形象上。

用户虽然不一定进入我们的银行网点办理业务，但是他可能会经过这个网点，或者使用这个银行的 ATM 机存取款。与企业品牌形象相关的每个细节都会让客户在心目中为我们的服务和品牌加减分。这就要求我们要严格执行总行的 CIS 规范，在每个细节上注重品牌形象的塑造与宣传，时刻不忘给客户留下良好的服务印象。

银行网点作为客户服务的渠道和终端，同时要注意自己的营销环境和软环境建设。这是网点营销的第一个重要目标。

提升用户流量

银行网点的重要营销功能就是提升用户流量。在大数据时代，如何让更多用户来网点办理业务变得十分重要。由于多年的经营，有些网点已经积累了一部分存量客户，每年这些网点都靠老客户带来稳定的自然增长业绩。

然而最近几年，银行网点的流量客户增长量越来越少，甚至部分存量客户也有流失的现象。这是由于经过市场的充分竞争，大量客户找到了更适合自己的金融服务机构。另外，在以往的经营中，很多银行的工作人员没有进行真正意义上的客户经营，导致在竞争中没有情感因素的客户关系很脆弱，一旦遇到同质产品的超值服务，客户自然会选择离开。

但是，在大数据时代，市场竞争还没有结束，鹿死谁手还无法确定，各大银行网点要充分施展自己的能力，提升客户流量。如果没有大量的客户进入网点，又何谈客户的服务和价值挖掘？网点营销要想改变现状，最重要的就是走出去，把客户领进来。

在这点上，我觉得农行山东的一个网点做得非常好。作为国有银行的老网点，这个网点在存量客户的储备上让很多银行望尘莫及。但是他们的网点负责人仍然把网点的工作人员分成三人一小组，每天下班派一个小组到附近社区向周边居民宣传行内的产品和金融知识，并且定期在网点举办一些活动，吸引客户到网点来。

刚开始这种活动对用户流量的提升并没有产生很大的帮助，

但是时间久了，很多客户养成了每天来网点坐坐的习惯，跟网点的工作人员的关系也逐渐融洽起来。有一位老人就介绍了自己的儿子来网点办理业务，还存了 1000 万的活期存款。

增加用户的资产

银行网点要实现的重要目标就是增加用户的资产。无论是存量客户还是流量客户，当网点的用户积累到一定数量时，我们要考虑的就是让用户的资产有所增长。很多网点在进行标准化网点打造或者旺季营销的过程中，通过精准的产品宣传，很多客户都会办理新业务。

我们也发现，很多网点的流量客户只是来办理简单的存取款业务，并没有业务种类和资产规模上的增长。造成这种情况的一个很重要因素就是网点的营销宣传不到位。所以，当客户已经充分认可银行网点时，它的一个核心功能就是实现新业务的推荐和客户业务办理种类的提升。

在某商业银行进行网点核心竞争力打造的过程中，我们要求网点负责人每月推出一款营销爆品，并且在网点内对这款产品进行全方位的营销打造，从厅堂营销布局的产品介绍到每个员工的重点推荐，都让客户深入了解产品的优势和产品的特征。于是很多客户对银行这种每月推出的一款明星产品很感兴趣，大都会选择购买。

通过这种形式，这个网点既提升了产品的宣传力度，又能够让客户养成每月来网点了解最新产品的习惯，增加用户在行内的业务办理种类和资产量。一个客户说:“之前不知道这家银行网点的产品这么好，通过这种宣传，对网点内的其他产品也产生了兴趣，而且这种宣传让自己也成了‘金融专家’。”

培养用户的黏性

银行网点的最重要功能就是培养用户的黏性。在互联网时代，最为珍贵的莫过于客户的黏性了，我们拥有再多数量的客户都不如拥有一部分黏性很强的客户。因为客户的黏性就是客户的忠诚。这种黏性带给网点的不仅仅是持续不断的业绩，更重要的是能够激发网点工作人员的工作热情。所以，我们在日常的经营过程中，一定要筛选出一部分非常重要的客户，并不断培养客户的黏性。

保持和客户持续联系的两个维度就是时间维度和空间维度。从时间维度上来讲，我们要在客户想起我们之前想起他，跟客户保持适度的联系，让客户在想起金融服务的时候第一时间想起我们。这就是最好的客户黏性的体现。

从空间维度上来讲，我们可以跟客户保持二维空间和三维空间的双向链接。也就是说，网点可以实现客户微信群营销及网点沙龙营销的有效互动—— O2O 网点经营模式。这种提升客户黏性的方法我们会在后面的营销策略部分具体展开来讲。

维护一个老客户的成本是开发一个新客户成本的 1/10, 同样，一个老客户带来的绩效也大大高于一个新客户带来的绩效。所以，网点的经营到了成熟阶段，最重要的工作就是提升老客户的黏性。

某银行为了提升客户黏性，在网点展开了“周六家庭日”的系列活动，主要目的就是邀请老客户到网点展开茶话会、主题沙龙等，以活动保持客户和网点工作人员之间的良好情感链接。这种活动在客户中也产生了极其良好的反响。

所以，作为互联网时代的银行网点营销目标，我们要设定阶段目标，针对网点的不同发展阶段，分别实现品牌建设、用户引入、用户资产增加，以及用户黏性维护的四个目标。这四个目标不是孤立存在的，而是要结合网点的具体情况来分析和制定。

○ 塑造点、线、面有机结合的营销思维

在银行网点营销管理过程中，点、线、面是网点负责人必须思考的三个维度（如图 19 所示）。从几何学来讲，只有点、线、面三个维度有机结合才能构成一个完美的几何图形；而从营销角度来讲，将这三个部分有机结合才是网点营销管理者的能力体现。

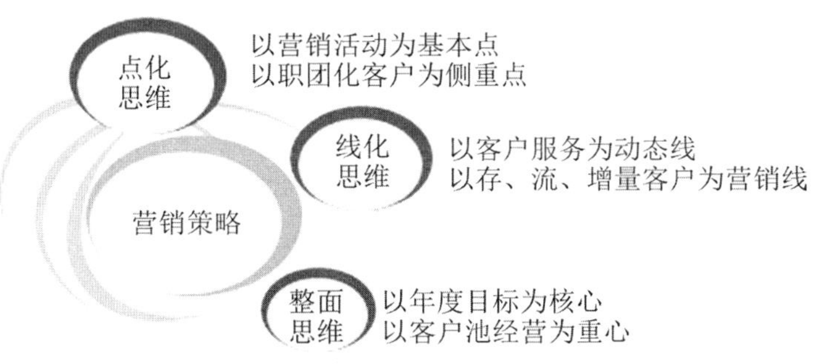

图 19　网点营销活动策划的点、线、面

点化思维

所谓营销的点指的就是单个的营销活动节点，比如我们在银行网点内摆放一个宣传栏，组织一场客户沙龙，进行一次外拓营销拜访，等等，这些都是单一的营销点。在全年度的营销活动中，我们依靠一个又一个的营销点来实现每个阶段的业绩突破。

大部分的网点负责人在营销点的层面上做得非常漂亮，他们会把全部精力放在营销节点的把控和个案营销的策划上，但却往往忽略了营销节点在全年营销布局上是否真正应用得当。那么单一节点的营销策划应该如何做？针对哪些客户做？流程如何？能起到怎样的效果？我们首先看一个营销案例。

有一个银行网点为提升业绩，非常积极主动地开展起了营销活动，每周六都在附近小区里展开路演营销，并且购买了大量的礼品发放给客户。但是在发放礼品的过程中，并没有实现客户资料的有效收集。只要客户来捧场，就马上送出一份礼品，而对客户没有要求。

活动搞得如火如荼，很多小区里的大爷大妈们也非常热情地欢迎他们来小区搞活动，因为有礼品白送嘛。

活动搞了一两个月，他们发现，辛苦做的这些营销活动，非但没有提升网点业绩，还让大家身心疲惫。他们所做的活动也仅仅起到了口碑宣传的作用，客户只知道有这么一家银行在附近，而且没事就发发礼品，至于这家银行都有什么业务，不知道。所以说，他们所做的拓展营销是没有效果的。

通过这个案例，大家都会明白，没有目标的营销是没有意义的。当然，这是一个极端案例，但是大家也要反思，在一些营销活动的策划和组织中是否也犯过类似的错误。

我们来看看另外一家银行网点是如何开展这类活动的。

某城市商业银行有一家支行，同样是在周末的时候到附近的小区搞活动送礼品。但是他们在发放礼品的时候是有标准和要求的，标准就是礼品只能发给本银行的客户，如果之前不是本银行的客户怎么办？很简单，现场办理一张银行卡就是客户了嘛。

银行卡办完了，大家以为这就结束了吗？当然不是，因为现场填写了办理银行卡的单据并不能确定客户日后一定会到这个银行来办理业务。而拓展营销的目标是走出去，把客户请进来。怎么请进来？就是告诉当天办理业务的客户，现场填写的单据和礼品先帮您收好，您明天来网点领取，同时网点还有其他活动，您也可以参加。

这样，客户第二天就来网点了。客户到网点见到的又是厅堂营销部分，网点的大堂经理在门口立了一个牌子：凭业务办理小票可以参与整点抽奖。去哪里获得业务办理小票呢？只需要您开了卡，到ATM机上激活，办理存取的任何一项业务都可以获得小票。这样既有效地帮助客户激活了银行卡，又有效地指导客户使用了本行的ATM自助设备。

同样的营销活动，两家银行网点做出来的效果却截然不同，原因在于：第一家银行网点为了活动而活动，进行营销活动没有目标；而第二家银行网点不但有自己明确的目标，最重要的是，这家银行的网点负责人还能够通过有效的营销策略来提升活动效果。

第二家银行网点通过营销策划把点对点的营销活动做成了完美的营销线。这样的营销活动才是不断裂的点，是完美的点。网点营销的每一项活动和动作都是一颗颗珍珠，网点负责人要把每颗珍珠打磨得圆润光滑，让网点举办的每一次营销活动都有效果。这样我们才有机会寻找一根线把每一颗珍珠串起来，形成一串美丽的珍珠项链。

线化思维

网点营销核心的一根线就是客户动态线。这里所说的客户动态线不是客户在网点的动态管理，而是一条客户从潜在客户逐渐变成忠诚客户的动态变化线。我们需要依据之前所解析的网点三类客户的具体问题来解析这条线。

在全年的营销过程中，应该始终贯穿着三条主要的营销线条，即存量客户营销线、增量客户营销线和流量客户营销线。对三条营销主线的清晰管理，能够帮助网点负责人很好地进行网点阶段营销目标分解。

对于存量客户的营销，要分阶段地开展各类活动，依据对存量客户的判断和认知，可以分别在一季度以完成任务为核心，多举办高端客户的私享会，通过高端客户的定制化服务来营销存款；在二季度通过对中高端客户的活动营销，例如踏青活动，来完成客户服务并有选择性和针对性地推荐产品；在三季度，为了更好地完成年度任务和客户储备，可以多举办老带新的客户活动；到了四季度，为了完成年度冲刺的任务，可以对三季度开拓的客户进行针对性的营销。

对所有的客户，我们要明确他们是属于增量客户、流量客户还是存量客户。针对增量客户，我们的目标就是把客户引进来；针对流量客户，我们的目标就是让客户在我行的资产多起来；针对存量客户，我们的目标就是提升客户黏性，把客户留下来。

整面思维

结合三条客户线和营销活动点，我们就能够完成一幅完整的画卷，也就是我们的年度营销计划（如图20所示）。营销是一门艺术，如果要整幅画面动人，就要把每一个落笔的点和线都能画得美轮美奂。这就需要我们把年度目标按照时间来分解，也就是把全年度目标分解成一季度、二季度、三季度、四季度的目标。在具体执行过程中，依据行里的要求，以及上阶段的业绩达成情况进行微调。我们把每个季度的营销活动确定一个主题，整个季度的三条客户线也都是围绕这样的主题来进行。而在每条线里面，我们的营销活动就是这幅图的每个节点，营销活动服务于营销动态线，营销动态线服务于年度营销规划图，三者缺一不可，要达成和谐统一才能最大化地实现营销目标。

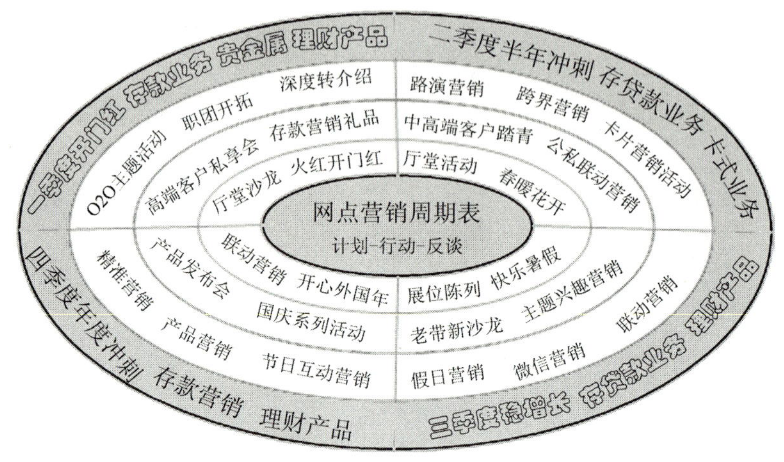

图 20　某网点营销年度计划图

○ 建立银行网点营销效果的评估维度

网点管理者在进行营销活动的过程中，要时刻关注营销绩效指标，并进行有效评估。所以对每次营销活动做好完美的计划、完整的执行，以及完善的总结至关重要。

对网点营销效果进行评估，主要体现在两个方面：一方面是对营销活动成果的评估，包括单次目标达成绩效的评估、月度或者季度营销绩效的评估；另一方面是对团队成员的营销能力和团队配合度的评估。作为管理者，要综合考量营销活动的绩效，以及团队人员的营销能力，并依据营销效果的评估做好持续的营销管理。

单次营销效果的评估最重要的是目标达成率，每次营销活动开展都应该有明确的营销目标，比如，客户资料收集目标、产品成交率等。针对不同的营销目标，我们组织的活动和活动的内容都会有所调整，这种活动形式的调整自然也是营销成本和营销效果的双重调整和改善。

在某农商行的路演活动中，就出现了一些网点负责人搞不清楚活动的真实目标，为了活动而活动的情况。当一天的营销活动结束后进行总结时，有一个网点负责人跟我反映："今天到路演展台上来领礼品的都是一些年纪比较大的没钱客户，所以我觉得送这么多礼品给他们有点浪费，就没送。"

我问其他网点负责人怎么看这个问题，大家都笑她想法太幼稚了，首先我们不能自己定义客户的价值，这个客户可能不一定有钱，但是他知道我们在搞活动，可能会回去帮我们宣传，很有可能把一些有价值的客户给我们带来。

另外，路演营销活动通过送给客户小礼物和建档等方式，本质目标就是扩大银行在当地的影响力，从而找到合适的契机向客户介绍我行服务。

第二天的活动刚刚开始，第一天没搞清楚目标的网点负责人就遇到了大问题，因为第一天的活动中他们拒绝了很多客户，而且活动举办得不成功，导致第二天他们业务开展很慢。而其他几个网点就人头攒动，因为第一天活动的成功宣传，第二天来网点领奖品、办业务的客户非常多。

网点负责人要根据网点的不同情况来设计营销方案，进而通过目标的达成率来分析本次活动的成功与否。这种单次营销效果的评估是很容易实现的。当然，我们要评估一次营销活动的成功与否，不仅要考虑当次活动的效果达成情况，还要注意到这次活动在整个营销系统中起到的作用。

某商业银行在开门红期间，通过网点的等候营销活动，记录客户的基本资料，并成功营销了贵金属产品。然后，网点的客户经理非常用心地把所有购买贵金属的客户信息进行登记，并且详细记录了客户贵金属购买的数量，进一步对客户的资料进行有效分析。

同年 6 月份，该网点专门针对购买贵金属的客户进行二次营销，举办了理财产品客户沙龙活动。在活动中，他们针对年初的贵金属产品进行讲解，进而引出客户的理财偏好和财富管理理念的话题，并详细讲解了不同理财产品的用途，然后针对购买贵金属客户的稳定性投资偏好，推荐了一款中长期的理财产品，结果收效颇丰。

以上的活动组织形式就是独立的活动在系统中产生连续效能的模式，这种活动组织模式不仅有助于单次营销目标的达成，对未来的持续经营和发展也有重要的影响。同时，评估营销活动的效果不仅要评估活动是否带来了网点绩效的成长，还要考虑活动是否帮助了网点的团队成员快速成长，团队协作能力是否有了明显的提升。

我们知道，在现在的市场环境中，单兵作战的效能已经开始递减，营销队伍的团队合作精神，以及团队合作效能会直接影响最终的结果。一名优秀的营销骨干，不仅可以通过一对一的实战演练来培养，还可以通过营销活动来培养。

在我管理营销团队的时候，就曾通过大量的沙龙营销来培养员工。由于当时沙龙举办得比较频繁，所以新员工入职的前两个月基本上都是在沙龙的活动现场做一些基础工作，例如礼仪、音控、财务等。通过这些岗位的工作培养，新员工就可以马上适应沙龙的运作形式，并了解每个岗位的具体工作。到了第三个月，大部分的新员工就可以胜任沙龙的主持人、客户经理助理等职位。通过沙龙与客户进行沟通和促成营销，让新任员工觉得没有压力，并且很快培养了他们的面谈能力。不到半年的时间，所有的新员工都能够完成客户一对一服务等较为复杂的营销工作了。

这种组织营销的形式我们持续了三年，在这三年中培养了无数的优秀客户经理。他们在实战中练就了面谈能力，再经过系统的理论知识培训，逐渐夯实了业务技能。

当时最值得我骄傲的就是我们的营销队伍有着超出想象的默契，从一开始一场沙龙经营需要 10 个人的配合，到最后，只需要 3 个人就能够举办一场沙龙。这就是团队默契和团队成员个人能力提升的重要表现。

综上所述，一场营销活动的举办可以通过几个维度来评估活动绩效，从单次的活动目标达成情况，活动对月度、季度、年度的营销目标影响度，以及活动对团队成员的个人能力提升和团队效能培养所起到的影响力来分别考量，最后才考虑一场活动的投入产出比。

一场营销活动可能仅仅解决了我们品牌宣传的目标，也可能仅仅为我们带来了更多的流量客户，还可能为我们创造了业绩。不同的活动投入与产出是不同的，作为管理者，我们不能仅仅停留在活动本身的产出上来评估单次活动的成败，要能够将营销的效果通过整个营销系统的综合指标来进行考评，这样的营销效果评估才更客观，更全面。

提升网点的客户识别及渠道开拓能力

○ 依据“鱼塘理论”了解你的客户关系

互联网时代的“鱼塘理论”就是把客户想象成具有各种偏好的鱼。在一个巨大的鱼塘（市场）里，如果你想钓到更多的鱼，就要准备适合各种不同偏好的鱼的鱼饵。而林林总总的互联网产品就是各种鱼饵，公司行为就是设计合适的鱼饵给不同的鱼，如图 21 所示。

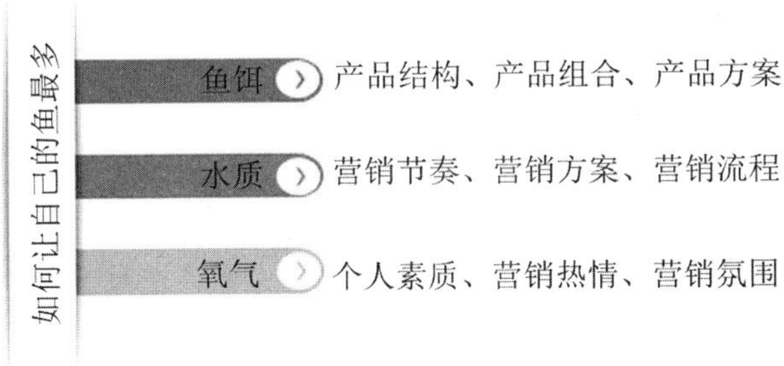

图 21 客户“鱼塘理论”

这种思路我非常认同。所以，在互联网时代的客户识别与开拓中，我们首先通过“鱼塘理论”来了解和客户的关系。通过“鱼塘理论”，得出如下几个客户关系维护的重要启示。

时刻保持良好的竞争状态

如果说整个中国金融市场是一个大湖泊，那么每家银行系统是一个大鱼塘，鱼塘之间的水流是互通的，而我们的客户就是生活在湖泊里的鱼。鱼塘里的鱼是可以在各个鱼塘间来回游动的。也就是说，任何一家银行都不能停止服务或者营销活动，因为你家鱼塘里的鱼随时都可以离开，去其他鱼塘找新鲜的食物。所以，每一位银行从业者，都应该时刻保持对市场敬畏的心态。

认清属于你的鱼

由于水质和养分的不同，每个鱼塘饲养的鱼种类也不同。所以，从严格意义上来讲，不同银行系统服务的客户也需要细分，比如，工、农、中、建四大行的重点客户以对公客户为主，招商银行是公认的零售业务银行，邮政储蓄和农商行的定位就是巨大的农村市场和城镇接合部，等等。由于针对不同的主营市场，所以各大银行推出的服务和产品都或多或少存在差异。

虽然金融产品趋于同质化，但也只是在同一品类的客户群体中存在同质化问题，在整个中国的金融湖泊中，各个水域的水质还是存在差异化的。不同鱼种对我们的鱼饵（产品）、水质（营销节奏）、氧气（营销氛围）的要求是不同的，所以不同银行网点要结合自身的特征，认清属于自己的鱼（客户），并为客户提供差异化的服务。

包装你的鱼饵，让鱼喜欢吃

不同的鱼饵（产品）对应不同的鱼（客户）。面对不同偏好的客户，我们不仅要调整适合的水质和养分以适合鱼生存，还要提供鱼喜欢的饵料——我们的产品。因为即使营销氛围营造得再好，假如产品与客户不匹配，也是无济于事的。这就要求我们，要能够依据客户的需求提供个性化的产品和产品组合，客户经理和理财经理的专业度必须能够匹配网点的主营客户需求。

对网点而言，营销的产品 = 金融产品 + 金融服务。所以，在产品方案的设计过程中，我们要充分考虑到产品优势和服务优势，通过了解客户的需求把产品和服务有效结合起来。同样向客户推荐个金业务，对于内在价值客户，我们最佳的产品组合方案就是手机银行 + 借记卡 + 定期的理财产品业务推送；对于外在价值客户，我们最佳的产品组合是定期的电话沟通或面谈 + 网点服务 + 产品营销。

制造你的舒适区，用水质和氧气培养客户

鱼习惯在舒适的生活区生活，当我们能够为客户提供适合他们生活的环境时，客户往往是不愿意离开的。因为人们最不喜欢的是舒适区被打破。银行网点负责人要学会设定这样的舒适区，培养客户的银行服务特性，让客户在舒适区里养成习惯，使客户

无论接受哪个网点的服务，首先想到的都是我们银行网点的服务标准。这就是养鱼者最大的成功。

在银行网点营销的过程中，不同水域的水质就是我们的营销氛围和营销节奏。这种营销氛围首先来自网点营销氛围的营造，其次就是客户活动的举办，最后就是O2O互动的设计。

一个网点多长时间进行一次营销活动，营销活动的内容都有哪些，有哪些是客户可期待的持续性营销活动，这些因素都决定了水质的状况。另外，网点的内部环境如何，员工与客户之间的沟通形式是什么样子的，是否全员都充满着营销热情，这些因素都决定了氧气的多少。只有鱼塘的水质和氧气都充足的时候，才能给鱼设置舒适区，并且能够吸引更多的鱼。

在偌大的中国金融湖泊中，总有一些还未被开发的地带，还有很多游离在各家银行之外的鱼。再去圈地的成本已经很高了，对大多数银行而言，如何调整自己所在水域的水质，如何提升鱼饵的质量将是至关重要的课题。所以，当今的银行网点负责人必须清楚，针对不同关系状态的客户，我们应该提供什么类型的服务和产品，才能够确保网点绩效不断提升。

○ 实现顾问式客户价值管理

结合客户经营的“鱼塘理论”，我们不难发现，从网点的角度做出的客户识别和客户价值判断可以把客户分成增量客户、流量客户和存量客户。在管理上，任何一个银行网点都要注意客户的开源和节流，开源就是增量客户开拓，以及流量客户的有效识别，而节流就是存量客户的服务与价值挖掘。

如果目前鱼塘的存量鱼苗不足，我们要考虑的就是如何吸引更多的鱼游到我们的鱼塘，要通过调整营销节奏和匹配客户的产品来提升增量客户的到店率。

一般情况下，在每年的四五月份，银行网点都会进行增量客户开拓的一系列营销活动，目的就是吸引更多客户到网点来，了解网点的服务和业务。而要吸引更多的客户到网点来，就要根据网点的营销定位来明确目标客户群体，然后给目标客户定义出五个显著特征的标签。比如，某个社区型网点的客户标签定义有老年、知识分子、新潮、互相影响、理财意识强等。通过这五个客户定义标签，我们就能够清晰地了解到这些客户的基本特征，然后再据此来设计营销爆品或进行营销活动的组织。

在培训过程中我发现，很多网点都有一个困惑，那就是自己的鱼塘一直有很多鱼来来往往，但是却很少有常驻的鱼。比如，很多银行网点设置在闹市区，每天服务几百位流量客户，却基本上看不见业务的突破和成长。这说明网点的厅堂营销和客户识别出了严重的问题，这个网点成了一个单纯的业务办理的场所，却没有履行网点的服务和营销的基本功能。所以，此时网点负责人要思考的问题就是如何提升网点的客户识别能力与营销能力。

我们辅导过很多网点，发现这些网点在硬件设备上都非常优秀，6S 管理也做得非常好，但是却没有做好网点的软营销管理，员工的个人能力也非常弱，因此流失了很多优质客户。这让我们觉得可惜。一个网点的客户营销能力不仅体现在硬件设备上，更体现在软实力的培养上。

银行网点的柜员和大堂经理之间的默契配合，理财经理和大堂经理之间能否形成一致的营销展现，都将决定网点的客户识别与产品营销的效果。如果我们单独把大堂经理的客户分流、柜员的一句话营销，以及理财经理的客户营销区隔开来看，那每个环节的力量就都被弱化了。

厅堂营销氛围的营造和工作人员营销能力的培养，都决定了流量客户的营销成果。流量客户的有效识别和客户营销能力都体现了一个网点的可持续发展情况，同时也是对网点工作人员工作能力和工作态度的重要考评标准。

银行网点的客户关系管理中还有一个困惑，就是拥有大量的存量客户，但是其价值挖掘却不深入，而且面临存量客户的流失。存量客户的流失对网点而言是致命的问题，因为维护一个客户的成本大约是开拓一个客户成本的 20%，而维护 20% 的老客户即能够创造 50% ～ 80% 的价值。

所以，银行网点的客户价值节流非常重要。由于银行业的充分竞争，存量客户也许会成为其他银行的增量或者流量客户，如果我们不能够用心经营，做好客户关系维护和管理，就必然给竞争对手创造可乘之机。要做好网点的存量客户维护，就要从存量客户的分析开始，我们要认真整理和总结网点存量客户的客户档案，有效利用客户关系管理（CRM）系统，有针对性地进行客户关系的维护和客户营销活动的策划。

存量客户就像我们的亲戚和家人，要经常互动才能有效果。如果与客户之间没有互动，那就会造成“远亲不如近邻”的结果。因此，存量客户是需要定期维护的。

在互联网时代，网点要做的就是让增量客户喜欢我们，让流量客户信任我们，让存量客户信赖我们。

只有对网点的客户进行明确的分类管理，才能够结合不同客户的特征、基本需求、产品偏好等方面进行营销爆品的选择和营销活动的策划。清晰地运用“鱼塘理论”对网点的目前客户存储情况进行分析，了解网点在现阶段重点的目标是要开源还是节流，分析目标客户群体特征，通过对营销爆品的包装、介绍，以及营销氛围的塑造，选择适当的时间节点开展营销活动，最终实现网点的营销目标。

○ 拓展网点的有效获客途径

互联网时代的获客途径与传统时代有很大区别，原因在于，互联网时代链接变得更加容易，客户获得信息的渠道也越来越宽泛。链接渠道的多样化要求我们要充分了解 O2O 的运作模型，既要依赖于互联网二维空间为我们带来的客户源，也要在三维空间的客户开拓和维护上有所突破。所以，作为网点负责人，要能够充分了解和掌握各类获客渠道的链接方式和营销方法，并能将线上线下的互动融会贯通，如图 22 所示。

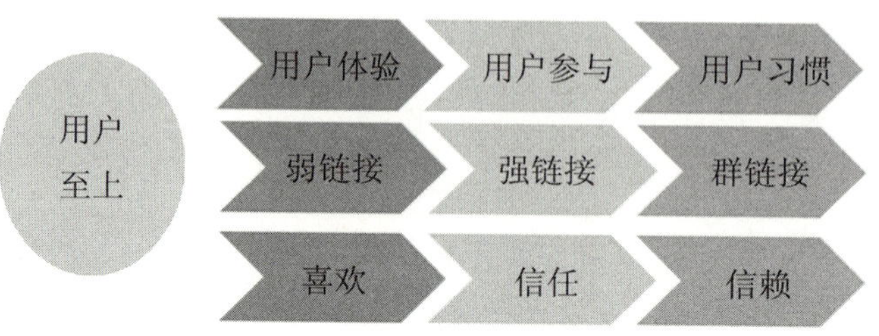

图 22　互联网时代客户价值模型

互联网时代客户价值产生的基本模式是体验、参与、习惯。可以说，互联网时代给客户带来的最大福利就是免费体验，而我们可以通过体验让客户感知自己的真实需求，再让客户参与到服务的生产过程中，并在参与中强化客户的价值认知，最终养成客户的购买习惯，即可成功获得一名客户。

这种互联网渠道的获客形式帮助我们更细致地将客户的获得步骤有效分解，更清晰地看到价值营销的意义所在，同时也将获得客户的途径更清晰地呈现出来，更关注客户黏性和客户终身价值的挖掘。因为客户最终选择的是银行网点提供的服务价值，所以为了让客户更清晰地了解服务的价值，就要通过体验和参与的方式来达成目标。

那么我们应该如何获得互联网时代客户的终身价值呢？先一起来看一下我的亲身体验。

我到某国有银行某网点办理一张临时使用的借记卡，按照银行的管理要求，柜员向我推荐了手机银行和网上银行，我欣然接受办理。接下来，大堂经理开始指导我使用手机银行：她先将我的手机拿走，去下载手机银行APP，然后帮我链接上新开办的银行卡。因为行里要求客户存取款8次，手机银行存电话费8次才能免年费，于是，我就看着这位大堂经理在我的手机里熟练地操作着。

当时，作为一个旁观者，我真的为自己的无知而汗颜。回到家，我首先做的就是取出了该行卡里所有的钱，然后删除手机银行 APP，因为我总是觉得不妥当。

这位大堂经理把行里设定好的客户体验与参与都变成了工作的负累，于是也就使客户把他们的手机银行 APP 当成了自己的金融服务负累。这是一次极其糟糕的客户体验和客户参与过程，错误的体验和参与可能给客户造成对服务和产品的错误认知，最终只能让客户取消或者干脆不接受该行的服务。

在我删除第一个手机银行 APP 后不到一个月的时间里，另外一家银行的客户经理找到我，给我办理了一张他们银行的白金卡，同时也给我开通了手机银行。但是这位客户经理为我开通手机银行的业务流程与之前那家银行的大堂经理完全不同，她一步步指导我自己下载和绑定银行卡，并教会我如何通过手机银行转账，交话费，交水、电、燃气费，购买理财产品等。

在这位客户经理的指导下，我了解了手机银行的使用方法，最重要的是让我感受到，对像我这样经常出差的人来说，手机银行真的是一个很便捷、很实用的金融工具，让我出门在外也能够随时随地进行财务管理。渐渐地，我的家庭和公司的大部分日常财务管理也都开始使用该行的服务了。

通过这个案例大家可以感受到，在创造客户价值的过程中体验和参与的重要性。手机终端是银行获客的最便捷途径，也是产生体验和参与最有效的渠道。除了给客户提供便利的服务，更重要的是能够培养客户的使用习惯。

互联网获客途径为客户提供了随时随地与银行互动的可能性，这种便捷服务的参与度和使用频次将决定客户的习惯，一旦养成习惯，客户改变服务终端的边际成本就越来越大。所以，在互联网终端上进行客户培养是成本最低、效率最高的途径。

那么，二维空间的获客途径有哪些呢？一般而言，可以产生高效互动的渠道有 QQ、微信、微博等。这些渠道可以快速与客户产生互动，也可以在不打扰客户的情况下进行有效的资料推送和产品介绍。

在这些互联网沟通途径中，我们不能快速地与客户进行互动，但是可以通过软文的编辑和资料的发送，与客户保持长期的价值链接，不断渗透我们的经营理念和经营思想，碎片化培养我们的客户。

二维空间的客户获得渠道虽然可以更大面积地覆盖用户群体，但同时需要关注的是二维空间与三维空间之间的互动。只有真正意义上实现了网点 O2O 互动，才能够持续高效地获得批量客户。所以，在有效地进行二维空间客户开拓的同时，还要注意三维空间上的客户关系维护。网点负责人要在二维空间开拓客户渠道，也要在三维空间的客户体验服务上建立有效的链接。

比如，我们要经营银行网点的订阅号，并且定期在订阅号上推送关于网点附近便民服务的信息，甚至可以与合作商进行免费产品派送或者免费服务等活动，并把这种活动的领取地点和活动地点放在网点，这样就建立起线上到线下的链接。

我们还可以在网点比较明显的位置张贴网点的微信订阅号二维码，只要客户扫描关注，网点就可以赠送小礼品。同时，只要客户通过订阅号与网点进行一次互动，还可以给客户额外的积分奖励。这些活动的策划与组织的目标都是为了全方位地培养客户的行为习惯。

●剖析三类银行客户的营销策略及方法

除了互联网渠道的客户开拓途径，在以网点为核心的三维空间，如何实现客户开拓、客户维护与客户服务呢？在接下来的三类客户营销策略及方法中，我们来一一剖析，如图 23 所示。

存量客户批营策略	流量客户批营策略	增量客户批营策略
• 沙龙营销	• 厅堂营销	• 职团营销
• 兴趣营销	• 联动营销	• 路演营销
• 节日营销	• 目标营销	• 公益营销
• 事件营销	• 等候营销	• 异业联盟
• 微营销渗透	• 微营销链接	• 事件营销
		• 微营销拓展

图 23　存、流、增三类客户的营销模型

○ 增量客户的营销策略及方法

任何营销组织的发展都要时刻注意自己的开源，只有源源不断的客户涌入才能确保营销目标的达成。所以，开拓增量客户是每位银行网点负责人最重要的工作内容之一。要想拓展足够多的增量客户，首先要做好客户调研，了解客户的具体需求，并根据客户的基本特征做好营销活动的策划和营销产品的整理。

基于增量客户的营销策略有以下六种形式可供参考。

路演营销

路演营销是通过在人流比较多的场地进行路演，以提升客户参与度，并吸引客户到网点来的营销方式。路演的活动形式多种多样，比如，我们在商业街经常见到一些企业单位通过邀请知名歌手或演员进行路演活动，以此吸引大量客户参与活动，并以抽奖、送礼品等形式，提升品牌影响力或者实现产品现场营销和促成。做好路演营销，能够快速提高网点的客户增量，并且对银行的品牌建设有很好的帮助作用。

近些年来，农商行在全国范围内的路演营销活动中，获得的大部分客户反馈都极好。这些客户的相同想法是："以前我们去银行办业务都是求着你们的，现在你们反而能走出来给我们提供服务，感觉还真的不一样呢。"

其实，银行的工作人员一旦走出去，会发现很多问题。

首先，银行工作人员以为客户了解自己的产品，其实不然。对大量的潜在客户而言，银行仅仅是一个存取款的业务办理地点，他们对银行的很多中间业务和服务都不了解。一旦银行的工作人员走出去，为客户讲解服务和产品，客户还是很乐于接受的。

其次，网点工作人员对客户的把控度和产品的综合解读能力还有待进一步提升。通过大量的客户面谈和产品介绍，路演营销成为网点工作人员的一场实战演练，能够帮助网点的客户经理和工作人员快速提升客户服务、产品解读和客户识别能力。

路演营销的核心要素是，要能够在路演过程中吸引更多的客户来了解我们的业务。所以，路演营销的营销方案要做好周密的设计，比如，可以通过视频、音频的播放来吸引客户，还可以通过礼品陈列来吸引客户，具体要根据不同地域和客户情况来做出选择。

无论选择何种形式，在路演营销的过程中，一定要注意营销环节的设计，最终让客户能够通过路演活动来到网点。

有一个银行网点在进行路演营销活动时，就选择了“老客户答谢活动”的营销方案：凡老客户均可出示银行卡并签字领取一份礼品，没有银行卡的客户当场填写业务办理单据，次日到网点申领卡片的时候，可以同时领取礼品。所有的客户被告知，未来一周网点将举办不定期的抽奖活动，所有持卡客户都可以参与。

通过一系列活动，该网点在一周时间内新开银行卡164张，吸收存款500余万元。

职团营销

职团营销是一种针对某种职业或者团体人群进行批量营销的方式。比如，在教师节针对各学校老师举办的营销活动，或者通过跟商会合作，实现某个商会团队的批量性营销。职团营销最大的好处就是针对性强，营销成功概率高，客户黏性容易建立。

网点负责人首先要考虑网点周边哪类人群的占比较高，再通过对该类人群的深入研究和了解，找到这类人群的需求共同点，以网点为平台来组织活动，最终实现客户的营销目标。在职团营销的过程中，网点负责人和相关的营销人员要突破惯有的营销思维。

因此，我们不仅要通过企业的对公关系来实现批量的职团客户营销，更要关注个体客户的需求和感受。很多银行管理人员的惯性思维中只关注企业老板是否同意与该行合作，而忽视了员工的影响力和员工价值，所以往往会出现对公账户和代发工资业务都在该行办理，但员工的个金业务迟迟无法突破的现象。

只有同时实现了对公客户的对公金融服务，以及针对每个终端客户的零售金融服务，才能最终实现职团客户的营销。

某商业银行曾经专门针对多年服务的企事业单位的客户做了综合性调研。他们发现，在他们多年服务的企事业单位中，存在大量的年轻又非常有潜力的零售客户，这些终端客户大部分是大龄青年，他们的核心诉求就是快速找到匹配的另一半。同时该城市大部分在企事业单位工作的员工的父母对孩子婚姻配偶的诉求就是找一个门当户对的另一半。

所以，该银行针对这个问题，专门联系了一家婚姻介绍公司，联合几家企事业单位，共同举办了一场联谊会。通过联谊会的顺利举办，他们同时服务了几十名客户，并且在现场做了产品的营销。不但建立了该银行在客户心中的良好的服务形象，更让网点的工作人员与客户快速打成一片，人与人之间的距离和关系更加紧密。同时网点还和婚纱店和婚庆公司建立了联系，专门为这批企事业单位的客户进行后续跟踪和服务。

职团式的客户开拓要注意的是：要有效利用团队成员之间的从众心理，以及客户同质化的特点。因为同一个职业或者同一个团队的客户拥有共同的特点和对金融服务的同质性需求。在职团性客户开拓过程中，不可操之过急，也不要以我们对某个特定人群的假想判断为依据，而要认真地对这类人群进行调研和需求分析，再通过营销活动的不断完善，以及与客户的深层次沟通，最终实现职团性服务黏性。

公益营销

公益营销是通过组织或参与某个公益活动提升银行的品牌影响力，并以公益活动为契机，结识当地具有影响力的中高端客户群体。公益活动的举办要契合当地的公益活动特色，通过主办或者赞助的形式来推动活动的进展，充分利用公益活动的广告效应来实现营销目标。

某银行网点赞助了该城市举办的马拉松比赛，并获得了参赛队的入围权，参赛队可以以一个 30 人的方队形式加入马拉松比赛的跑步阵营。于是银行的工作人员首先对该行有运动偏好的客户进行邀约，并从中选择出 15 位客户，加上行里的 15 位员工，同时参加马拉松参赛方阵。对于其他有兴趣但是无法全程参与或有特殊情况的客户，银行也分别赠送了马拉松活动的赠品。

30 位马拉松团队成员穿着整齐的印有银行 Logo 的服装，参加马拉松比赛，这 15 位客户的朋友和同事也来为他们加油打气，整个场景非常震撼。银行也通过这样的赞助活动，与其他企事业单位建立了更深入的合作关系。可以说，这样的公益活动是不可多得的品牌建设与拓客渠道。

公益营销的核心是，借助具有一定市场影响力的公益活动来实现银行品牌的推广和营销。在进行公益营销活动的过程中，我们要注意的是，要选择积极、正能量、影响力大的共赢活动，活动从推广期开始就要介入，既要进行品牌营销，又不能给活动贴上浓重的商业标签。

这种适度的营销把控力非常重要。另外还有一些公益营销不是为了创造业绩，而是为了塑造银行的品牌形象。比如，在东北有些银行就会在冬季到来的时候，在网点专门设置一个清洁工人热水供应处。这种公益营销不需要进行大肆宣传，也没有大型活动作为支撑，但实实在在地在网点门外贴出这样的告示，就已经是最好的营销。

异业联盟

异业联盟是通过有效地整合网点周边所有的营销服务资源而最终形成的一种资源联盟营销优势。这种异业联盟可以为我行的老客户提供优质的增值服务，同时让合作伙伴的核心客户体验我行的服务，最终通过长期的经营促使合作伙伴的客户同时成为我行的优质客户。

异业联盟是互联网时代被广泛推崇的营销模式，异业联盟能够快速整合客户资源和网点周边的服务资源。客户资源的快速整合能够为网点带来批量的增量客户，并且这类客户信息相对完善，客户质量较高，网点可以通过合作伙伴的经营优势直接占有和服务他们的优质客户。同时，对周边合作伙伴的有效整合，可以帮助银行网点建立以网点为核心的服务平台，让所有银行客户可以通过这个平台获得优质服务。

某银行在进驻一个社区之前，先通过与社区周边的住宅底商开展异业合作，实现以该行的银行卡为入口的平台建设。该行的银行卡在整个社区周边的饭店、美容院、洗衣房、超市都有消费积分，积分可以直接兑换相关礼品或者代金券。社区用户自然喜欢在日常消费的过程中还有额外收获，所以大部分人都办理了该银行的银行卡。

与此同时，该银行与小区物业达成合作协议，成为小区物业费、水、电、煤气费的代收银行。成为物业的指定代收银行后，该银行为社区采购了一批公共设施，并在公共设施上都印上了银行的Logo。用户在使用银行卡获得积分的同时，还能享受到更便捷的生活金融服务，该行的免费广告也长期留在了这个社区。

由于成为该区域众多商家的合作银行，该银行便很顺利地成为社区业主委员会的合作银行，每个月定期参加业主委员会举办的各种活动。就这样，最终形成了以银行为核心的区域化金融服务平台，社区居民和社区周边商户都离不开该银行的服务了。

异业联盟的注意事项是，要选择匹配的合作伙伴，不要为了合作而合作。我们要服务合作伙伴的客户，他们也一样要服务我们的客户。所以在选择合作伙伴的时候要选择与我们拥有相同价值理念，能够为客户提供匹配服务的商户和机构。另外，值得注意的是，异业联盟是一种资源的整合，资源不仅仅体现在客户数量上，还有一项不可忽视的资源就是广告资源，占据合作伙伴的每一寸广告资源，利用合作项目，形成深度的互惠广告推广也非常重要。

事件营销

事件营销是指通过对互联网时代各大事件的精准把控，经过有效的处理形成口碑宣传、提高关注度的形式，进而实现增量客户拓展的目标。事件营销的形式有很多种，可以做事件的经典评述来吸引眼球，也可以以事件为核心开展某项活动来博得客户的参与。

小米公司就曾经做过一次关于“啤酒和炸鸡”的事件营销。电视剧《来自星星的你》在热播的时候，啤酒和炸鸡风靡一时，小米公司的微博上马上爆出食堂提供啤酒和炸鸡的告示，瞬间吸引了很多粉丝。这就是依托于某种受众关注度高的事件来进行事件营销的模式。

另外，也有利用网络用语吸引客户的方式，比如，“我们去旅行吧，我带着你，你带着钱，你千万千万别忘了带着钱。”于是某银行的客户经理就编辑了一段软文发在朋友圈：“我们去××银行办理财吧，我带着你，你带着钱，你千万千万别忘了带着钱。”虽然只是简单的模仿，也吸引了很多转发，并获得了部分客户。

互联网时代的营销已经突破了传统的营销模式，我们要把营销的步骤细分再细分，获得客户的一次关注、一次点赞、一次转发，都可以算作营销的部分成功。把握高关注度事件，就能够为我们带来点滴的积累。

做事件营销要注意的事项是：选择的事件一定是正面的、被广泛关注的；一些负面的事件一定不要参与；事件营销要及时，因为互联网时代的信息传播太快了，及时性变得尤其重要，有些事件如昙花一现，如果不能把握事件传播的高峰期，就等同于丧失了营销契机；事件营销要有独立价值思维，对事件的思考角度和发表的软文一定要有特色，才能够吸引眼球，博得转发。

微营销拓展

事件营销要想做得有效果，就要结合微营销拓展的力量。微信、微博作为当今社会最快链接客户的利器，做好微信、微博的营销，对网点而言，有百利而无一害。比如，我们可以通过设置网点专属的微博、微信账号，定期发送网点周边的商铺打折信息，提供网点周边的便民服务信息，让更多周边的人关注网点的微博或者微信。当关注度提高以后，就可以通过定期的 O2O 活动促使用户来到网点，进而实现客户服务与服务链接。

很多银行的网点都有自己的微博账号或者微信公众号，但是苦于没有有效经营，导致账号申请后一直搁置一旁，没有起到相应的作用。这是我们要反思的问题。

微营销拓展的模式是一种快速建立链接的模式。网点的工作人员需要深入分析网点周边核心客户的基本需求，进行相关内容的推送。也可以通过 O2O 的活动形式提高客户的参与度和关注度。

做好微营销的拓展是网络平台批量获客的第一步。在互联网时代，一切营销都源于大数据的积累，只有我们做好了客户数据的有效积累，才能够在未来的营销决策中做出正确的判断，并获得一场又一场战役的胜利。

获得增量客户是一个开源的过程，以上我们所综述的几种增量客户的拓展模式都能够为网点带来一定的客户群。作为网点负责人，要根据自己的网点经营特色进行选择，只有选择了对的模式才能够实现快速突破。

另外，六种营销模式是可以整合的。比如，我们可以依据某一事件而展开路演营销，并在路演营销的过程中让客户进行扫码关注。这就将事件营销、路演营销和微营销拓展三类营销模式进行了有效整合。

选对了营销模式以后，我们还要做的就是持续经营。因为任何一种营销手段和方法都需要在持续经营和不断总结中完善，尤其是增量客户的拓展，基于一种营销模式的深耕一定会带来意想不到的效果。从客户的角度来看，由于我们的拓展渠道和方式能够持续，客户被吸引的可能性就更大。这就好比是一所房子，如果开门的方向是固定的，那么想要进入这所房子的人就可以遵循同样的路径进入。如果这所房子的门今天向南开，明天向北开，想要进入房子的人就会因为不知如何进入而选择放弃。

另外，对于网点内的工作人员来说，在一种模式中不断强化，大家的营销能力会大幅提升。这种每天进步 1% 的方式会在组织的合力中最终实现爆炸式的效能。

营销没捷径，只有肯坚持，让拓展客户成为网点工作的新常态。因为，互联网时代，谁拥有用户，谁就拥有未来！

○ 流量客户的营销策略及方法

能够来到网点的客户大多是非常优质的客户，因为网点客户已经是银行服务的基本用户，或者是对银行服务有诉求的客户，银行在客户的心目中已经占据一席之地，营销起来也更加容易。

但在我们辅导和走访的近万家网点中，绝大多数的网点都没能完全实现营销的功能，从网点的四化分类中，实现网点差异化和个性化的不到20%。网点仅仅是客户办理业务的一个场所，大多数客户到网点办理的业务都是基础的存储业务。我们在网点对客户进行随机调研时发现，客户几乎都无法说清除存取款外这家银行还有哪些产品或者服务。这就是网点营销的失职。

客户走进网点办理业务，这是我们最佳的营销契机，把控营销契机是每位网点负责人的重要职责。这里要说明的是，如果仅仅在网点摆放一些营销资料或是在LED屏幕上循环播放一成不变的产品介绍，对流量客户的识别和开拓并不能起到关键作用。那么流量客户的网点营销应该如何做？

我们要结合网点的营销环境，提升软营销能力，将厅堂营销、等候营销、目标营销、联动营销和微营销有效结合，充分利用客户在厅堂的营销机会，实现客户价值最大化。以下五种营销方式都是针对流量客户的有效营销模式，也是可以合理地整合搭配的营销技巧。

厅堂营销

厅堂营销是指在网点的厅堂营造良好的营销氛围，让客户能够对网点经营的产品和服务深入了解，进而促使客户主动参与的营销方式。这种营销模式对于网点的流量客户，尤其是内在价值的流量客户特别有效。

流量客户到网点办理业务，一般都非常具有目的性，客户对自身要办理的业务具有需求，但是大部分客户对银行网点的其他服务可能并不了解。通过厅堂的营销环境布置能够帮助客户更好地了解银行的服务，并激发客户的参与热情。

某商业银行在存款保险制度开始实施时，就打印了一张关于存款保险制度的海报，内容是两个卡通人物针对存款保险制度的解读漫画，漫画下面还有“扫一扫，答题有惊喜”的字样。很多客户觉得有趣就会认真阅读，并且有客户会用手机扫一扫回答问题，根据所回答问题的准确程度，还可以到大堂经理处换取一个小礼物。

通过这个活动，既获得了客户的关注，同时还促进了厅堂客户与大堂经理之间的互动。既有了客户体验，也促成了客户参与。

另外一家商业银行在“三八”节期间推出活动：凡在节日期间，持该行银行卡到指定商家刷卡，都可以领取一份洗衣液。他们不仅在网点摆放了节目活动宣传展架，还把洗衣液在地上摆出“38”的字样。

这种厅堂营销的摆放形式吸引了客户的眼球，客户纷纷到周边商铺进行消费，还介绍身边的朋友来网点参加活动。很快，网点就吸引了很多女性客户，同时，网点和周边商户的联盟关系也建立起来了。

厅堂营销是锁定流量客户最有效的营销模式，要做好厅堂营销，关键在于我们是否充分利用了厅堂的每个营销环境。厅堂营销重在提供具有视觉冲击力的营销内容，要站在客户的角度来思考什么样的内容更吸引人，要做到让客户感觉看得到，摸得着，玩得上。

联动营销

联动营销是指通过网点工作人员之间默契的配合，针对某一客户实现的联动式产品营销或者服务推荐。联动营销是网点工作人员之间配合度的效能体现，也是网点全员营销的基础。通过联动营销，客户最多可被网点工作人员进行 4 次有效识别，只有这样的识别能力和沟通深度，才能够确保客户的高度留存率。

从客户进入网点取号开始，网点的大堂经理就要对客户进行有效识别和一句话营销，某商业银行在取号机旁边放了一个宣传栏，重点推荐当期的理财产品，大堂经理就会在客户取号的时候询问客户，是否有兴趣了解理财产品，针对有兴趣的客户，大堂经理就会直接引领客户到理财经理室进行咨询。

如果客户当时并没有表示出很大的兴趣，大堂经理应递送一张相关的产品介绍，并引导客户坐下等候。客户在柜台办理业务的过程中，柜员还会进行二次营销。同一款产品，此时对客户来说已经是第三次接触，有些客户可能会表现出兴趣，那么柜员就会请大堂经理将客户带到理财经理室咨询；如果客户仅仅表现出有点小兴趣，但是今天不能办理，柜员也会记录下客户的信息，并告知如果有产品的相关信息会短信告知客户。

在整个过程中，客户经历了 4 次营销和有效识别，分别是进入网点的客户识别与分流、等候识别、柜面识别和理财经理识别。同时，大堂经理、柜员和客户经理在产品的介绍和解读上保持一致，这样全员营销氛围的营造会大大提高客户的购买可能性。

目标营销

目标营销是指在网点的流量客户中，有目的性地针对某类客户进行客户识别和客户营销。这种营销模式由于目标性较强，能够快速获得客户的关注，所以成功概率较高。进行目标营销的首要前提是，网点的工作人员要对产品有深入的了解，并能够进行详细解读。比如，当月重点营销产品如果是手机银行，网点工作人员识别客户的最基本特征首先是正在使用智能手机的客户；其次最好这类客户较为年轻，容易接受新鲜事物。如果识别到这类客户，大堂经理就要主动进行目标营销。

在某银行网点进行女性专属保险营销的过程中，他们很清晰地描绘出目标客户的特征：25 ～ 45 岁的女性客户，卡内余额 5 万元以上。大堂经理在厅堂服务的过程中，会很关注年龄区间符合要求的女性客户，并主动向客户介绍产品，发送产品宣传 DM 单。通过这种目标性较强的营销方式，能够快速锁定营销目标，并且更加具有针对性地服务客户。

等候营销

网点办理业务的客户一旦多起来，等候时间越长，客户的心情就越焦躁，仅仅靠厅堂摆放几张营销彩页，放一些宣传广告是无法起到真正的营销作用的。把握客户等候的这一点点时间，做好营销，会给网点带来不错的业绩。一般而言，客户的等候时间为 15 ～ 30 分钟不等，这么多的时间，足够我们利用好，在厅堂举办一场小型的微沙了。

建行的某个网点就曾经在开门红期间，给网点的大堂经理配上一个胸麦，在客户等候时，进行金制品的营销和解读，并现场给各位客户展示刻有当年度生肖的贵金属制品。很多客户对产品产生了极大的兴趣。最后，这个网点当月贵金属的营销绩效是其他网点的三倍。这种等候营销的模式不需要太过花哨，大堂经理只需要按照既定的产品解读话术背下来，做好等候营销的客户识别即可。

某邮储银行的网点在夏天遇到一个问题：由于网点比较大，夏天开着冷气，很多年纪较大的客户三两成群地在网点聊天、休息，把网点的休息区都占上了。这导致很多来办理业务的客户搞不清楚情况，以为有很多客户等候，因此就会转去其他网点或者其他行办理业务。

怎么办？那就利用客户的等候时间做点事情吧。于是网点负责人和大堂经理在网点大堂展开了厅堂小微沙龙。他们把网点等候座位分成两边，把来网点乘凉的客户聚集在一边，并开展定时的有奖答题等小活动，每周二、周五还要举办一些小型的讲座，给老年客户讲解保健养生、真假币识别，等等。

通过一系列活动，不仅把客户等候区和休息区分隔开来，不再影响其他客户来网点办理业务，还提高了等候客户的黏性，建立了客户和网点成员之间的情感链接，更有助于产品的推广。

在网点我们有很多可用资源，这种资源不仅是指网点的物理资源，还有客户进入网点后的时间资源。把握客户等候的重要时刻，有效利用每个可利用的客户时间价值，让等候营销变得丰富多彩。

微营销链接

微营销链接在厅堂营销的运用重点在于，能够链接到更多的客户。网点的流量用户都是二维空间中的优质客户，通过网点的服务和引导，能够让客户加入到微信平台中来，对于未来的产品营销和价值营销具有决定性意义。

事实上，在网点链接客户也最方便且最有效率。如何用最简便的方式让客户扫码关注是每个厅堂负责人要思考的问题，比如，很多饭店会有扫码排号的服务，这种服务就能够让客户顺理成章地关注饭店的二维码，而且还让客户觉得非常有趣。

我在深圳一家餐厅就遇到了排队就餐的情况：在饭店门口，有一个服务员引导所有等候就餐的客户进行微信扫码排队。当时我们排到第6号，微信界面上显示我们大概还需等候58分钟，于是服务员就建议我们可以到附近逛逛街。而在我们逛街的过程中，饭店每叫一个号码，我的手机就会响一次，提示我已经有一个客户进去用餐了。在还有两位等候客户时，手机的呼叫频率开始变快。

这种方式让我觉得等待不再是煎熬，并且觉得特别开心。在结账的时候，服务员还给我们打了9折，并解释说，酒店是根据客户扫码排队的等候时间给客户打折的，等候时间越久，打折就越多。这种形式的服务让我觉得好像等再久都很值得的。

这是我第一次通过微信排队的经历，这种经历也让我舍不得删除这个饭店的公众号。后来，这个公众号里会经常会发送一些美食信息，不仅介绍自己饭店的新品，还会介绍全国各大菜系的特征。

这家餐厅的微信链接方式就非常容易获得客户的青睐，不仅提高了客户的体验感，更增强了客户的参与感。

微营销链接可以以各种有趣的活动形式进行，而不仅仅是死板地在网点贴出一张微信二维码的图片。我们要给客户一个关注的理由，无论是一个小礼物或者一个游戏都是不错的选择。比如，现在有些机场和商场会有免费冲洗相片的服务，只要客户扫描二维码关注就可以了。

有一个商业银行的网点就曾经专门搞过一次厅堂的微营销活动。他们在厅堂专门找了一块白板，上面张贴出网点的二维码和活动海报，在厅堂举办“扫一扫，答一答，领奖品”的活动。客户通过扫描二维码回复“答题”，就能够弹出 10 道金融知识竞答的题目，有关于假币识别的，有关于银行卡的使用的，还有关于金融防诈骗知识的，等等。客户通过回答问题的准确率可以获得价值不等的礼品。很多客户在等候时就会被大堂经理引领去参加活动，客户也表示这种活动很有趣，并且还能学到很多金融知识。

找到一个合适的契机让客户能够关注网点的二维平台，我们就有更多的时间和机会为客户服务。互联网时代的重要营销思维就是创造链接，给客户提供自由、自主的二维空间服务。

综上所述，流量客户营销模式的核心就是挖掘客户在网点每一分钟的价值，充分利用网点的营销空间，提升网点工作人员之间的配合度，进而实现流量客户的有效识别和产品营销，最后通过微链接的营销模式创造更好与客户进行联系的渠道。

五种营销模式分别适合网点的不同营销节点和具体情况，各位网点负责人可以根据网点的实际情况进行分析，并通过组合营销的方式制定适合本网点的营销策划方案。

○ 存量客户的营销策略及方法

存量客户是需要每个银行网点进行深耕的一块自留地，银行通过多年的经营和品牌建设，留下了一批对银行的产品和服务具有一定黏性和习惯的客户，是非常不容易的。

对传统大银行而言，多年的经营和服务为他们留存了大量的存量客户，但也由于客户基数过大，出现银行服务能力跟不上、产品结构不匹配等各种问题，最终导致客户批量流失。维护存量客户和激活睡眠客户是工作的重中之重。对股份制商业银行而言，这几年深耕目标市场，认真服务维护的存量客户也非常不容易，激烈的市场竞争、更细分的产品结构都对存量客户的留存与否造成影响。农商行和邮政系统原本守着自己服务多年的客户，以为村镇市场的自留地应该不会有人来抢，但市场竞争的实际结果已经告诉我们，我国的村镇市场将成为未来各家银行逐鹿的重点市场。

激烈的竞争是市场逐步走向成熟的必然，也是成熟市场的重要风向标。我们要做的就是夯实工作成果，争取实现客户资源节流。

那么，如何才能留住客户的心呢？通过对网点留存客户的大量回访，我们发现，促使客户留存的最重要要素就是客户觉得该网点的服务让客户满意。银行是提供金融服务的重要场所，金融产品在趋于同质化，从某种意义上来讲，区别每家银行的就是服务的差异。打造银行网点的软实力，让服务更贴近客户需求，是每个网点在经营存量客户的过程中最重要的工作。

存量客户的服务都包括哪些？除了到网点办理业务，我们是否有其他的方式与存量客户保持链接、为其提供服务、建立客户黏性、培养客户忠诚？答案是有的。就像之前我们提到的银行已经不能再坐在网点高冷的柜台后等客户来，而要能够走出去为客户提供服务，这里当然包括存量客户。

其实存量客户的营销相对于增量客户和流量客户都更加容易，因为存量客户的信息和资料相对于其他两类客户更容易获得。通过对客户信息资料的有效分析和处理，为存量客户提供服务就变得更加轻松。所以，本节我们一起分享存量客户营销的五大模式。

沙龙营销

沙龙营销是根据目标客户群体的具体需求而开展的具有一定主题的小型聚会。沙龙营销的主要目标是培养客户黏性，营销新产品。沙龙营销的模式在近几年被广泛运用在网点营销活动中。沙龙活动的形式变化多端，效果也参差不齐。

归纳起来一般有以下几类沙龙营销的模式：理财客户转介绍沙龙、高端客户私享沙龙、新产品推荐沙龙、老客户服务沙龙、流量客户开拓沙龙。

不同的沙龙形式针对的客户群体不同，推荐的产品不同，组织的形式不同。一场优质的沙龙能够给网点带来的不仅仅是当下产生的绩效，更重要的是团队的凝聚力和客户的认可度。

要组织一场别开生面的沙龙，首先，主办方要确定参加活动的人群，并根据参与的人群明确沙龙的主题和活动形式。比如，某网点专门针对资产在千万左右的私营企业老板展开了一场沙龙，活动的主题就是围绕企业的发展和这类企业主关心的话题展开的。于是网点负责人专门请了省行的老师，组织了一场名为“新常态下的企业财富管理”的主题沙龙。这个沙龙的主题契合时事，是该类客户的关注点，所以邀请客户也变得容易一些。

第二，在沙龙举办的过程中，形式非常重要，一定要让客户参与进来，没有参与感的沙龙是失败的沙龙。比如，曾经有一个国有银行的网点举办圣诞节沙龙，为此专门在网点门口摆放了一棵许愿树，所有来参加活动的客户都可以写一张许愿纸条，放进许愿瓶，挂在树上。在活动的过程中，主持人两次专门到许愿树上随机抽取客户的许愿纸条，并现场帮客户达成愿望。有一位客户的愿望是中500万，于是银行的工作人员就买了一张彩票，活动结束后将其装在一个写着“中五百万”的信封里送给客户。虽然不一定会中奖，但是客户的感觉很好。

最后，沙龙的成功举办离不开网点所有人员的配合，一场沙龙的成功源于很多场沙龙经验的积累，更是每个网点工作人员之间默契配合的结果。网点负责人在沙龙的举办过程中，要不断培养新员工参与到活动中来，从小事做起，学习如何服务客户、营销产品。

优秀客户沙龙的举办，让客户感觉意犹未尽。沙龙活动的结束恰恰是营销的开始，只有从沙龙的策划到举办，以及后续追踪做到全方位的合理布局的人，才是真正理解沙龙经营精髓的营销管理干部。

同时，优质的沙龙还可以为我们带来更多的客户转介绍。在各行各业都在进行沙龙营销的今天，银行的管理干部们要把沙龙的经营做到精细化、差异化是非常不容易的。但也只有能够把沙龙营销做到精细化、差异化，才会为网点的存量客户经营带来不错的业绩。

兴趣营销

兴趣营销是利用客户的共同兴趣，通过银行的平台搭建兴趣联盟，并持续提升客户黏性的一种营销模式。这种营销模式重在持续，兴趣平台能够促使客户长期、可持续地与银行发生联系。这是建立客户黏性最有效的方法。

某家银行组织的羽毛球俱乐部，最初只是一个10人的小型俱乐部，是银行内部的网点职员与几个核心客户的小组织，但后来组成了20个由客户经理和客户组成的小分队，最后变成了200人的大型羽毛球运动组织。这个俱乐部由行内提供部分经费，再自行筹集会费，用来购买装备、租用场地、定期举办活动。总行只在每年年中和年底分别组织一次大规模的比赛，其他时间都是小分队自由活动。

这种兴趣营销的好处就是可以跟客户在业务之外的某些特定环境发生链接，这种情感基础的培养要比单纯的买卖关系好很多倍。最重要的是，基于共同的兴趣爱好，老客户不仅能与我们保持更好的关系，还能为我们带来更多拥有相同爱好的朋友。

兴趣营销是当今比较流行正逐渐走向常态的营销模式，这种营销模式是在以促成为导向的营销模式之外，开辟了一条以价值为导向的营销途径。客户与我们之间的链接不仅仅是买卖双方的关系，更重要的是聚集了一群拥有共同爱好、共同价值观的人。

但是要做好兴趣营销，还真的要花很多心思。首先，我们选择的兴趣点一定要积极、阳光、正能量。建议大家以当下客户都关心的健康和运动等为切入点选择相关的兴趣种类。其次，在兴趣团队建立之初，我们会经历很多困难和不确定性。建立兴趣群的人要能够克服困难，坚持做好本职工作。要做到定时、定点、定量地组织和举办活动。时间久了，兴趣团队就能够建立起来了。

我个人曾经建立过几个兴趣社群，有成功也有失败，失败的原因就是太随性。作为组织的建立者，首先要能够找到客户的痛点或者客户的关注点，并且每天坚持与客户保持互动，不能太随性。

微信创始人张小龙推崇的工匠精神在兴趣社群的建立过程中体现得淋漓尽致，最初的 10 个、20 个核心用户都是死磕出来的。作为兴趣社群的组建人，是否定时发送消息，定点组织活动，定量完成活动目标，都将决定这个兴趣团队能否组建起来。当然，兴趣团队的组建，当到达一定人数（一般 100 人）以后，就会持续带来意想不到的效应。

节日营销

节日营销是在各种传统节日进行客户关系维护和营销的方法。节日营销现在已经普遍存在于各行各业，只要一到节日，大街小巷的打折信息、节日活动目不暇接。要想在节日营销中脱颖而出，作为金融工作者，我们要认真思考，推陈出新，运用新颖的营销手段吸引客户，为客户创造优质体验。

荷兰的一家航空公司在节日营销方面可谓专家。在圣诞节的班机上，航班上的工作人员首先对即将起航的客户进行采访，分别了解每位客户期望得到的圣诞礼物。有人说要袜子，有人说要鞋，有人说要项链，所有客户都觉得这是航空公司的游戏，没有放在心上。而当飞机缓缓落地，每个人走出机舱的时候，竟然看到一个大大的礼品墙，礼品墙上是每个人在起飞前希望得到的礼物。

原来航班上的工作人员采访过客户后，就传输信息给目的地的工作人员，目的地的工作人员则进行礼品采购，布置场地，让客户在圣诞夜都收获了一份生命中最难忘的惊喜。这种超出客户期望值的节日营销能够让客户记住我们，带给客户值得回忆的消费过程。

节日营销是每个以销售为目标的组织体都要把控的重要营销契机，一方面我们不能放弃特定节日的营销，因为这种营销模式已经深入人心；另一方面，我们要考虑如何做好节日营销方案，给客户留下值得回忆的瞬间。

参与性的活动方案是最适合节日营销的方案，我们要参与到对客户来说很重要或很有纪念意义的日子中，以此提升客户对银行的认知，强化客户与银行之间的关系。

事件营销

事件营销是通过把控当下关注度较高的事件，通过巧妙的语言组织或活动形式，提升客户的关注度或引导客户参与到活动中来。在信息发达的今天，为了博得关注度，甚至很多名人不惜将自己的私生活曝光在公众的视野中，这就为大众的日常生活带来了很多话题。这种话题的炒作和应用能够提升客户关注度，抓住与客户链接的契机。

近些年来，各类时尚用语、娱乐事件频繁跳入客户的视野中，比如，范冰冰在微博上晒出与李晨的甜蜜情侣照，并配上“我们”两个字，一瞬间走红网络。然后各大公司纷纷效仿，依样画葫芦拍摄自己的产品照片，也配上“我们”二字发布在公司微博、微信公众号上。一位银行的客户经理马上把握住事件营销的及时性，把两张银行卡一前一后摆放，拍摄好照片，发在自己的朋友圈里，也配上“我们”二字。

在Uber和神州专车大战的过程中，神州专车广告文案中的一个错别字（“怪蜀黍”写成“怪蜀黎”）让“怪蜀黍”风靡网络。于是有的客户经理也马上编写文档：“搭车不要遇到怪蜀黍攻略：

（1）出门尽量少带或者不带现金；

（2）办理××银行信用卡，想刷就刷，就是不给怪蜀黍刷；

(3) 拨打 ×× 预约办卡，保证不是怪蜀黍。

这些紧紧把握时下最火爆网络事件进行营销的方法特别有助于提升关注度和点击率。只要我们对时事多加用心关注，并且巧妙地编辑文字，即可吸引客户的眼球，获得客户的关注或者传播。

事件营销是一种很巧妙的营销方式，这种方式不一定能够快速产生绩效，却能够获得关注和培养客户价值认知。所以在进行事件营销的过程中，我们要注意事件的选材，要选择社会影响力较大的正能量事件进行营销，要注意营销内容对银行形象的积极作用。

另外，对事件把控的及时性也很重要。在信息爆炸的时代，每天都充斥着大量的新闻，如果不能快速把握时事进行营销，新闻到了第二天可能就变成了旧闻，对客户的吸引力就会大幅降低。

最后，对本行业发生的重大事件要具有极高的敏感度。我们可以对娱乐新闻、时事要闻没有精准的把握，但是对于金融行业的新闻、要闻一定要第一时间做出反应。这样才符合金融从业者的基本素质。比如，在存款保险制度推出和执行过程中，有的银行网点就能第一时间推出网点小型沙龙的讲解和有奖知识问答等活动，而有的银行就没有及时做出反应。这就是事件营销能力的差异。从持续经营的角度来看，这是衡量一位职业经理人营销敏感度的重要标尺。

微营销渗透

在经营存量客户的过程中，微营销依然能够起到至关重要的作用，在为存量客户服务的过程中，渗透我们的产品价值和培养客户的财富意识是非常重要的。

在互联网时代，营销不能仅仅停留在产品的销售上，更重要的是要向客户营销个人价值、银行价值和产品价值，对此通过微营销的渗透是非常有效的方法。微营销渗透能够通过弱链接让客户随时随地掌握银行资讯，既不会给客户带来很大的推销压力，还能够让客户及时、准确地掌握他们希望掌握的信息。

一位高端客户曾经分享过这样一个案例：他的客户经理会定期在微信中发一些他会关注的信息，不仅有该行的一些金融产品信息,还有一些关于企业管理和营销的相关信息。慢慢地，他感觉这位客户经理不仅是银行的客户经理那么简单，这位客户经理还懂得很多关于企业管理和营销方面的知识，对经济形势和资本运作也能够侃侃而谈，最重要的是，这位客户经理在国家的一些经济政策、货币政策，以及股市发生变化时，都能够在朋友圈里发出一些相关资讯和个人观点。

这些行为都让客户感觉到客户经理的与众不同。所以，渐渐地，当他有一些经营、资金方面的困惑时，第一时间就能够想起这位客户经理。这就是以微营销渗透的方式给我们带来的价值体现。

做好微营销的渗透，首先就要明确建立自己的二维空间形象，微信的头像、名字、朋友圈的内容等都要符合你要打造的二维空间形象的特征。另外，发送的相关资讯一定要定时，比如，每天早上八点半或者下午五点半。这种信息的发送要根据你朋友圈的存量客户的工作特征或者客户的生活习惯来决定，选择在客户关注度较高的时间段发送信息，并且坚持每天在同样的时间发送信息。

除了发送银行的相关产品广告，还要根据客户的具体爱好和习惯推送一些客户希望了解的信息。比如，针对企业管理者，可以定时发送一些“CEO观察”等资讯；如果女性客户多，就可以发送一些美容、时装等信息。这些信息的采集不需要我们自己去整理，只需要关注相关的微信公众号转发即可。

针对存量客户，我们的营销定位不能仅仅定位在产品营销上，更重要的是营销价值理念。有效利用一切可以与客户发生关系的渠道，通过三维空间实现与客户面对面地沟通，获取信息并促成合作。利用二维空间的持续渗透，强化客户的价值认知，培养客户的理财习惯。借助三维空间的沙龙营销、兴趣营销、节日营销、事件营销等各类营销形式，提升客户的参与度，培养客户的价值观和客户黏性，打造存量客户的忠诚度，这就是后工业时代的O2O营销。

互联网时代银行网点的服务变革

在新常态下，网点服务的功能性要求已经不能单纯从银行服务角度来思考，而应该把网点的服务放在整个社会服务水平上来考量。

正如之前所有篇章都在强调的一样，在新常态下，我们进入的是后工业时代，物质的极度丰富促使服务的要求和标准都快速提升。作为金融服务行业，我们的服务能力、服务质量、服务标准将成为客户关注的焦点。

作为一名银行网点的负责人，要清晰地知道网点的服务不应该仅限于方便快捷的业务办理效率、干净整洁的环境、工作人员的微笑。这些当然很重要，但我们更应该从市场、从客户的角度去思考：什么是好的服务？用什么来衡量？如何才能恒久不断地为客户提供满意的服务？

如果此刻你的网点服务还仅仅满足于帮助客户把柜台业务办理完毕，那就无法在竞争中脱颖而出。网点服务的功能性要求已经不能单纯从银行服务角度来思考，而应该把网点的服务放在整个社会服务水平上来考量。

最近几年，我国各大银行纷纷推出差异化网点打造计划，各种以客户为导向的差异化社区网点纷纷出现，这种打造差异化网点的趋势也从某种角度说明了网点发展的必然趋势。差异化网点的核心竞争优势就是服务，根据不同客户群体的需求，有的网点提供免费早餐的服务，有的网点提供少儿娱乐场所的服务，有的网点提供专门的高端客户品茶、品酒服务，不一而足。

银行网点的服务应该做成什么样子？未来的网点会被打造成什么模式？相信很多网点负责人都会有这样的困惑。站在银行网点发展趋势的角度来说，服务无止境，没有最好的服务，只有不断变革和提升的服务理念。

网点是银行从业者和客户链接的端口，更是客户体验服务的最直接渠道。网点应该如何定位自己的服务价值？客户需要我们提供哪些差异化的服务？站在客户的角度来看，网点能够实现的八大体验有哪些？网点的服务对象除了外部客户还有谁？在市场变化如此激烈的今天，网点的服务基础、服务进阶和服务变革又将如何实现？在本章中，我们一起探讨并寻求网点服务管理的有效路径，如图 24 所示。

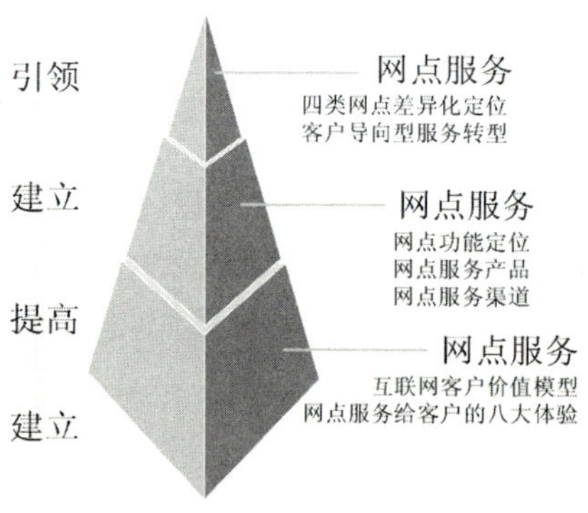

图 24　网点服务策略模型图

确立以客户为核心的网点服务定位

○ 打造以客户细分为依托的差异化网点

在互联网时代，客户获得金融服务的渠道越来越多元化，这导致很多业内人士和客户都认为，也许有一天，银行将不复存在。他们说的银行不复存在是指银行网点将被取代，并不是真正意义上的银行业不存在。

对于生活基本去货币化的我，曾经创造过连续两个月不带现金，不去网点，还能出差在外保持良好生活水准的纪录。因为我的所有购买和支付都可以通过第三方支付终端或手机银行来实现。基于这种趋势和越来越深入人心的互联网思维，大家都相信，有一天银行的网点将被取代。

但实际上，我并不认同这样的观点。正如工业社会的发展并没有取代农业一样，农业和工业需要并存，人既需要穿衣服，也需要吃饭。所以，现代社会的互联网是一种促进效率和拉近距离的有效工具，但它无法取代人与人之间最直接的服务方式——面对面服务。目前我们处于社会分工快速演化的时代，互联网是一种有效的工具，它能够帮助我们提升工作和生活效率，提供便捷的筛选功能，更好地处理数据，等等。

网购能够让我们随时随地购买所需商品，但是永远无法满足逛街带来的心理愉悦感。同样，互联网金融无法真正意义上取代银行网点的作用，它只是推动银行网点更快地向下一个阶段发展。

打造服务差异化网点

那银行网点的服务究竟会发展成什么样子呢？让我们来畅想一下：网点将不再是一个办理业务的场所，将成为银行提供金融服务的一个平台，成为倡导一种金融生活方式、彰显服务理念的核心场所。事实上，我们可以从几个角度来思考未来银行网点发展的可能性，进而给网点一个更加清晰明确的定位。

首先，去货币化的趋势会让网点逐渐减少货币交易的功能，取而代之的是网点要增加让客户体验便捷支付的功能。这种功能需要链接的就是更多元化的消费体验，所以，银行未来不仅要经营货币，还要依托银行的平台经营客户的购买价值。

其次，资本从集中型大规模化转变成碎片式小规模化，导致客户对理财的需求日益增长。银行作为金融服务的核心机构，要提升帮助客户进行财富管理的服务能力，针对不同群体、不同年龄、不同偏好、不同职业、不同追求的客户提供理财规划和理财服务。所以，银行网点的中间业务会越来越多。

最后，随着市场的细分越来越明确，银行也将参与到市场细分的行列中。综合性银行网点业务处理能力很强，但是对细分服务和精准服务做得还不够，未来会有越来越多的以目标客户细分为依托的差异化网点出现。所以，我们发现业务处理职能将成为银行网点发展的一种基础职能。要想在未来的市场竞争中立于不败之地，服务职能必将成为网点成长和转型的重中之重。

所以，网点负责人要有危机意识，这种危机意识不是源于网点是否被取缔，而是要思考网点能够为客户提供哪些服务，创造怎样的服务价值。服务需要以网点的渠道来实现，服务是能够体现网点差异化最直接的表现，却也是最难以用标准化衡量的。服务不仅体现在网点功能建设上，更体现在网点日常经营的细节中。要做好服务，就必须将网点进行差异化定位，要根据网点所处的地理环境、客户情况来思考网点应该为客户提供哪些有价值的服务。

在网点打造方面，可参考目前我国一些银行的做法，比如“社区型金融服务网点”或“商圈型金融服务网点”；在差异化服务定位方面，我们可以更多地参考外资银行的经验，比如马来西亚的第四大金融集团 RHB Banking Group，该集团的核心业务被简化为 7 个战略性业务部门，分别是零售银行、企业银行、集团交易银行、企业和投资银行、伊斯兰银行、全球金融银行和集团资金管理。通过这种市场细分，该银行可以提供更具有针对性的服务和产品。

服务创造客户价值

了解核心客户的需求，创造客户价值，并且为客户提供超出期望值的服务，是未来每个银行网点要研究的重要课题。这不同于一般化的生产，没有所谓的标准化流程，服务是一种由内而外的生产过程，客户能够通过网点的硬件布局、软环境管理，以及每项业务操作流程来综合考量我们的服务能力。

良好的服务能够为客户创造有效价值，并且最终获得客户忠诚。在未来，没有服务的网点终将被取代，服务的差异化会为我们带来更多有价值的客户，并且能够帮助我们创造客户黏性。服务的核心目标不是营销产品，而是营销价值。

网点的服务也可以成为网点的产品，这种产品是一种无形产品，但是能够体现在网点工作人员与客户接触的方方面面。通过这种无形产品的提供和价值产生，能够带动网点其他产品的营销，以及提升客户感知。我们可以把服务产品分为三类，即业务产品、情感产品、客户体验与参与的活动产品。

客户会乐于花钱购买他们所需要的价值，而并不是我们期待营销的产品。所以，在日常的工作中，我们要尽可能地多考虑服务作为一项产品能够为客户带来哪些客户价值。在服务流程、服务意识和服务品质的方方面面，都要考虑到当客户接受这项服务的时候，我们传递了哪些价值理念？我们能够为网点的差异化服务带来哪些不一样的客户体验？虽然服务这项产品无法马上产生客户交易价值，却能够在未来漫漫长路上，成为持续创造客户价值、培养客户的最有效途径。

○明确以创造客户价值为核心的服务目标

作为网点管理者，我们要很清晰地明确网点的服务目标是谁。多数人会认为，服务的目标当然是客户了。但是回想一下目前网点的工作状态和服务情况，我们服务的目标真的是客户吗？还是客户口袋里的钱？我们真的为客户提供有价值的服务了吗？还是仅仅为客户提供了我们认为有价值的服务？这是目前网点服务目标转型非常重要的思考课题。

网点服务可以分为有形服务和无形服务两类。有形服务是可视化的，比如我们的装修、布局、硬件设施及CIS体现等；无形服务是通过标准化流程打造的，以及网点工作人员的工作行为体现出来的，比如，我们的主动热情、对客户的尊重、做客户意想不到的事情等，无形服务是客户可以感知到的。

通过有形和无形两类客户服务，我们的最终目标是向客户传递价值，培养客户的认同感和忠诚度。为了营销而服务与为了创造价值而服务给客户带来的最直接感知是不同的。我们与客户之间的沟通是能量的沟通，我们希望传递给客户的价值理念和能量，是通过服务来实现的，客户也是通过服务来接收我们传递的价值和信息的。

在某银行网点，有一个浑身异味的乞丐模样的人，手里拿了很多零钱，来网点存钱。大堂经理很快意识到这位客户会对其他客户造成影响，但是她并没有歧视这位“乞丐客户”，而是把这位客户引领到当时没有人的VIP服务区，请VIP服务区的柜员优先为这位客户办理业务。同时，根据VIP服务的规定，这位大堂经理还给“乞丐客户”倒了杯热水。

第二天，这位“乞丐客户”带来好多自己的“同事”，每位“同事”都来这家银行存了十万到三十万不等金额的存款。原来他们都是开废品收购站的。这位客户说，他从来没有被银行的人这么尊重过。

其实在这个过程中，大堂经理就是遵循服务的价值理念来为客户服务的。通过引导这位客户到VIP服务区，一方面为大厅等候的客户留下了良好的空间，提供优质服务，另一方面她并没有因为这位客户的外表而对其有任何歧视，而是为他提供了标准化的服务，比如为客户倒水等一系列行为。

在此过程中，大堂经理并没有想过这位客户可能产生的价值，没有带着营销目的来提供服务，但却恰恰因为她良好的服务素养和服务理念，为网点创造了价值。

服务是一种无形的产品，虽然我们有时无法感受到服务直接创造的价值，但是没有服务的网点是没有持续赢利能力的。服务的最终目的是创造客户价值。这里我们所说的客户价值，不仅表现在客户当下在网点办理业务所产生的价值，更是客户的终身价值和客户的影响力价值。要实现服务的最终目标，就要清晰地定位目标客户，并且为客户提供能够满足客户核心价值的服务产品，给客户创造良好的服务体验，跟客户产生互动，并且持续经营和培养客户的服务价值。

良好的服务能够给客户带来良好的价值体验。比如，很多客户喜欢去西餐厅吃饭，客户除了在西餐厅享受优质的膳食之外，更多的是在体验优雅的用餐环境带来的舒适感。

作为金融服务的端口，网点除了办理业务，还要能够为客户提供优质的体验。在创造客户体验之外，如果能够让客户参与服务过程就更好了，而且这种用户参与还可以衍生为“互联网＋”的参与模式。

我曾经入住过一家五星级酒店。一进酒店，酒店的大堂经理就指引我扫描一个二维码，进入酒店的微信服务号。通过这个服务号，我能够查找到酒店各种服务设备和场所的具体地点，并且可以直接在手机上订餐，参与酒店的其他活动等。

这种参与感能够快速提升我在该酒店接受服务的效率和频次，并且降低我由于不确定因素带来的焦虑。在关注这个微信服务号一段时间以后，这个服务号还不断为我推送酒店最新推出的活动，以及其他合作商家和酒店的特色产品等。

作为网点负责人，应该清晰了解网点发展的必然趋势，能够真正站在服务的角度来思考自己所在网点的发展阶段，这样在进行目标客户定位的过程中，就能够深入客户，融入客户，了解客户的真实价值需求。并且通过我们的服务端口，为客户创造差异化的服务体验，让客户参与到金融服务产品生产过程中来。最终，通过优质服务，向客户传递我们的价值理念，培养与我们拥有相同价值观的优质客户。

○ 完善以客户需求为主的八大服务体验

网点八大服务体验

基于网点的客户服务定位和服务价值，我们可以更全面地思考网点提供的服务及其服务价值。事实上，客户更期待网点能够提供以下八大价值（如图 25 所示），从而拥有良好的客户体验。

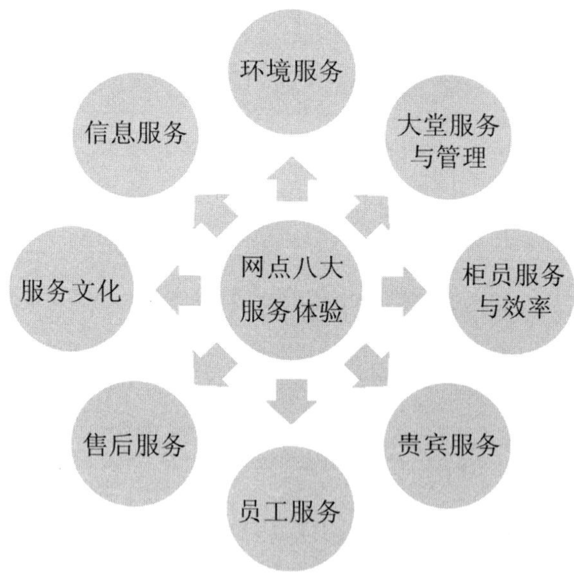

图 25　网点八大服务体验图

环境服务。对网点服务来说，良好的服务环境一定是位列第一的。客户进入一家银行网点，首先会对网点的服务环境做出心理评价，环境好的网点能够让客户满意，并且愿意多停留一会儿；而环境差的网点会让客户产生马上离开的念头。提升网点的环境服务，对提升客户的服务体验有很大帮助。我们将环境服务分为厅外环境、厅内环境和营业室环境。

在同一条街道上，往往不止一家银行网点，除非是某家银行的老客户必须到某网点办理业务，对其他需要选择网点服务的客户来说，厅外环境会给客户留下非常重要的第一印象。比如，是否有停车位，门楣是否整洁，网点是否宽敞明亮等，都会影响客户的选择。所以在网点的环境管理中，我们要注意网点厅外环境、进出通道、宣传品、门头、对外标识等的整洁规范。

当客户进入网点后，功能区是否规范、厅堂环境是否整洁舒适，标识、悬挂物的摆放是否合理，营业厅是否有便民设施、宣传品、意见箱、利率牌等，营业室内的证照悬挂、柜员桌面的清洁，以及私人物品和文件资料的摆放等，都会给客户留下深刻印象。在环境服务方面，各网点应该严格遵循 6S 管理的标准（如图 26 所示），并且将标准化的厅堂管理根植到每个成员的心里。

举措	标准	操作方法	示例
整理（SEIRI）	要与不要一留一弃	工作现场区别要与不要的东西，只保留有用的东西，撤除不需要的东西	倒掉垃圾，长期不用的东西要统一存放
整顿（SEIRON）	合理放置产品三定	把要用的东西，按规定位置摆放整齐，并做好标识进行管理	30秒内能找到，或知道要找的物品
清扫（SEISO）	清除垃圾美化环境	将不需要的东西清除掉，保持工作现场无垃圾、无污秽状态	谁使用谁清洁并管理
清洁（SEIKETSU）	洁净环境贯彻到底	维持以上整理、整顿、清扫后的局面，使工作人员觉得整洁卫生	管理的公开化、透明化
安全（SECURITY）	安全意识消除隐患	消除隐患，保障员工的人身安全和生产正常	消防栓、电源插座有明显标识
素养（SHITSUKE）	形成制度养成习惯	通过进行上述4S的活动，让每个员工都自觉遵守各项规章制度，养成良好的工作习惯，做到“以行为家、以行为荣”	严守标准，团队精神，文化展现

图 26 网点营业环境 6S 管理图

大堂服务与管理。在硬件环境能够满足客户基本需求的基础上，软环境的塑造也非常重要。大堂经理是接触客户的第一关键人物，厅堂的服务与管理能够给客户创造第二重体验。所以，做好大堂服务七件事是每位网点的大堂人员给客户留下良好服务体验的重要工作，这七件事分别为：

1. 迎：欢迎客户，来有迎声。尽可能关注到每一位来到厅堂的客户，让客户有一种宾至如归的感觉。

2. 分：能够及时根据客户的具体需求来进行客户分流，

高效的客户分流会让客户觉得这家银行业务办理流程顺畅。

3. 陪：对于一些高端客户和一些需要陪伴的客户要全程陪伴，提升客户的信赖感。

4. 辅：辅助一些需要帮助的客户完成业务办理流程，尤其是针对年纪较大的客户，在填单、业务办理、ATM 机使用等方面都要积极提供帮助。

5. 缓：针对等候引起的客户情绪焦躁和由于业务受理过程引发的客户情绪激动，大堂经理要及时缓解客户情绪，缓和工作人员与客户之间的矛盾。

6. 跟：对于一些业务办理流程较为复杂或者需要在网点办理业务较长时间的客户，大堂经理要负责跟踪客户业务办理的流程，提供必要的协助，让客户觉得自己是被关照的。

7. 送：要做到走有送声，关注每个客户，针对不同的客户等级，要送到门口，送到车上等。

大堂服务要做到以上七件事，就能够给客户提供一种被关注的感受，这种宾至如归的客户体验也必将让客户爱上来网点的感觉。

柜员服务与效率。在大堂服务之后，与客户接触最多、业务办理最频繁的岗位就是柜员岗位，柜员的服务能力和工作效率都是客户非常关注的。有的柜员业务办理效率很高，服务操作规范、标准、高效，能够识别客户需求，为客户提供良好的后续跟进服务，这种良好的体验也有助于客户价值的深入挖掘。

要做好柜面服务，七步服务流程和文明服务规范要严格执行。

柜面服务要做到：招手迎、笑相问、双手接、快准办、双手递、巧营销、目相送这服务七部曲，同时要完成快速准确办理业务、一句话营销、主识别潜力客户、进行顺势推荐这四项工作职能。

贵宾服务。网点服务中，很重要的一项就是贵宾服务，未来的网点服务将会更多地涉及贵宾服务项目，因为在差异化网点打造的过程中，网点将不再只是业务办理的区域，更重要的是客户服务的场所。

首先，银行网点要做到的就是贵宾优先办理业务。针对贵宾等级不同，每家银行都有自己的优先权限。让贵宾感受到自己的服务差异化，同时节省贵宾客户的时间，提升服务品质。

其次，要保护客户的隐私。对于高端客户的休息区，最好可以提供刷卡进入等充分保证客户隐私的功能区设置机制。

最后，为贵宾客户提供一对一服务。必须有专业的客户经理为指定的贵宾客户提供服务，更好地挖掘客户需求，提供个性化的服务产品。做好贵宾服务对客户满意度提升和客户黏性提升都将起到重要作用。

员工服务。作为网点负责人，在做好外部客户服务的同时，也要关注内在客户服务。之前的章节中我们已经详细分析过如何服务内部客户。只有内部服务做好了，员工的工作状态、工作态度、工作氛围和工作能力才能得到提升，员工也会将这种氛围和服务的意识带到他们的客户服务中去。

网点负责人要及时对员工进行情绪疏导和健康关怀，如果我们不能给员工提供良好的工作环境和员工关怀，员工积累的坏情绪会越来越多，最终将演化成无法解决的大问题。

售后服务。每个网点都有大批量的流量客户和存量客户，只要办理过业务的客户，都需要持续为他们提供售后服务。根据不同银行的管理规定，我们要对客户进行分级服务管理。明确了客户的服务等级后，就要有针对性地提供服务。

最基础的售后服务包括人文关怀、互联网服务和个性化服务。人文关怀是比较基础的服务类型，比如，在客户生日或者重要节日发送短信或者微信祝福等。互联网服务是针对客户定期推送一些客户关注的信息和产品，能够让客户第一时间了解银行的产品和客户升级服务，方便客户选择。最后要根据客户的需求，提供个性化的服务，包括但不限于一些运动类俱乐部或者定期举办的沙龙活动、社群活动等。

相信很多人都知道或听过慕思这个家居品牌，而另一个大的家居品牌老总却让自己的团队去向慕思学习如何做服务。

原来9年前，这位老总在慕思的一家店里买了一套十多万元的床和床垫。之后的每一年，在他购买产品的那一天，他都会准时收到慕思给他寄来的礼物，礼物不贵重，但无论做工还是外观都很精致，让人一看就会喜欢，一用就会习惯。这些礼物的种类每年都不相同，但几乎都跟他的家居生活，尤其是起居有关。

所以这个老总就把慕思深深地记在了心里，只要听说周围的人提起买床或床垫，他都会推荐这个品牌。而他自己也计划在这两年内再更换一个新慕思床垫。

我问他，你选择再次购买他们的产品，是因为产品本身独一无二吗？他笑着说，当然不是，产品是不错，但绝不是独一无二，可他们的服务让我感受到我是他们真心挂念的客户。

所以，对服务业来说，客户购买或成交，只是我们服务的开始。

服务文化。服务文化是一种能够显现出来的服务表现，这种服务文化通过网点的可视化表现形式来向客户彰显网点服务的标准。任何一种形式的持久塑造都源于文化的根植，网点的服务文化通过服务理念的贯彻执行，以服务文化墙、服务口号、团队文化、员工的评优墙等各种形式展现出来。

我曾入住一家酒店，在这家酒店的电梯旁边，挂着一个便捷旅行牌，牌子上贴着很多纸条，纸条上印着酒店附近的各种公共服务点，以及该城市的旅游景区的电话、地址、交通方式，并且每个纸条都可以被取走。仅仅是这个小小的便捷提示，就让我对这家酒店留下了非常好的印象。所以说，服务文化可以通过显性的东西来展现服务文化意识。

信息服务。这是一个信息化时代，任何一个服务机构的信息提供及时性、趣味性、准确性和可获得性（也可理解为易获取性）都会影响客户的心理体验和评价。

所谓信息工作的及时性是指对于重要信息要提前公示，提前告知，比如，产品信息的及时更新、服务价格的公示等。现在市场上的金融产品越来越多样化，让客户眼花缭乱。选择多了，意味着风险也更难以预防。所以在与客户的接触沟通中，一定要让客户树立科学的风险认知和防范意识，比如，一些高收益产品的风险属性等。

同时，信息提供要有趣味性。由于目前社会压力大，人们对趣味性和娱乐性的服务需求也很大。比如，在海底捞用餐的客户，在等候期间大堂经理会教客人折千纸鹤，并且以每个千纸鹤5毛钱的现金券回收客户折好的千纸鹤。这种趣味活动让很多客户乐于参与进来，避免了客户等候的烦躁情绪。

最后，信息的可获得性是指信息提供要让客户看得懂，看得明白，容易理解。所以，我们在网点公示信息的过程中，一定不能造成客户信息获得的混淆。在同一个展位和空间里，尽量展示同一种信息，并且让服务、营销与所彰显的信息统一，从视觉、听觉和感觉综合角度来思考客户信息的可获得性，避免信息的遮挡和错误传递。

客户服务体验五觉

通过网点的八大服务体验让客户从不同角度对我们的服务产生基本认知，并给客户带来不一样的感受，这种感受的汇总就变成了客户的服务体验感知。从人的五觉角度来讲，网点服务要着重考虑客户的视觉体验、听觉体验、触觉体验、嗅觉体验、味觉体验这五种不同感知体验，这五觉的体验要统一，它们共同形成了客户对网点的核心认知和感受，如图 27 所示。

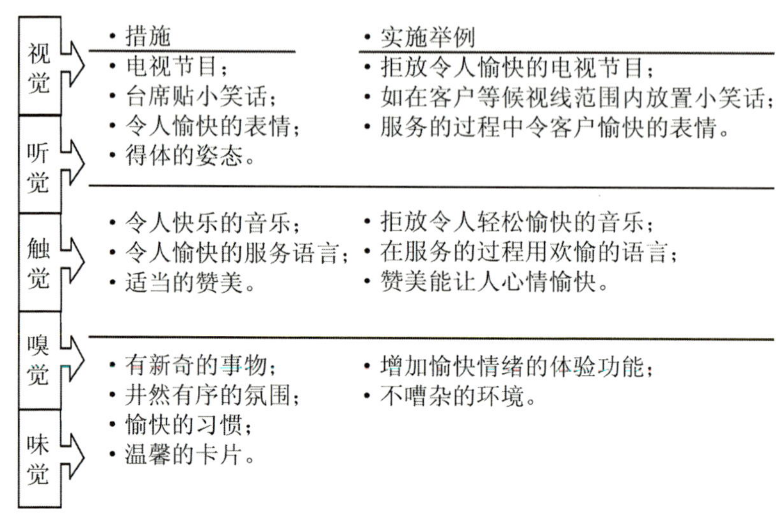

图 27　网点五觉管理客户体验

比如，在开门红期间，我们要营造新年的氛围。首先从视觉上，要让客户有耳目一新的感受，网点就要进行彻底的清扫和布置，运用红色的吊旗、喷画、条幅、彩蛋等营造过年的氛围，还可以有梦想墙、礼物堆放区等，这些都有助于营造客户视觉上的良好体验。同时，可以在网点播放新年欢快的音乐，问好方式也可以在开门红期间改成“新年好”，尽可能让客户在听觉体验上与视觉体验统一。

在触觉体验上，我们也要尽可能营造出新年的感受。比如，冬季可将网点的座椅加上一些手扶垫和靠垫，让客户坐上去有一种暖暖的感受。

在嗅觉上，网点可以在大堂内陈列一些鲜花，营造出春天的氛围。同时，网点可以准备一些糖果摆放在客户等候区，让客户在等候过程中，感受嗅觉上的甜蜜。

这种综合性的客户服务体验能够潜移默化地影响客户，而人们做出购买决定的80%因素都来自于情感因素，这种服务的记忆帮客户完成了一次情感选择，在客户未来选择银行服务时，这种记忆会帮助客户通过潜意识做出判断。同时，越长久的服务习惯养成，就会让客户更不愿意离开我们的网点服务而选择其他银行。

建立以服务理念为核心的网点服务模型

○ 实现以服务理念为导向的差异化服务

我们要理解服务模型（如图28所示），就先要理解什么是服务理念。很多网点负责人并没有建立起网点的服务理念，以为只要硬件设施到位，经营环境符合标准，就是优秀的服务网点。但事实上并非如此，因为如果仅仅达到以上两项，我们只能说是一个规范化网点。如果规范化网点无法实现差异化服务，那就无法满足互联网时代人们对服务的要求。

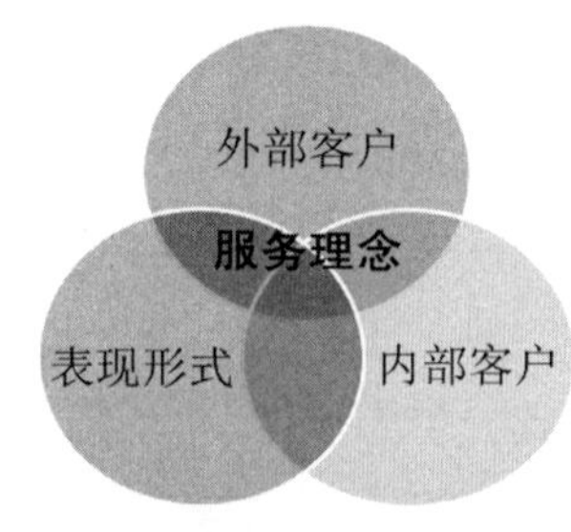

图 28　以服务理念为导向的网点服务模型

服务是一种软环境，服务理念是一种以网点经营理念为核心的员工的服务意识集合，并通过这种理念渗透到日常工作的各个环节中。这种软环境的塑造远远比网点硬性设施的陈列和整理要难很多。

让我们通过一个邮储银行的百佳网点为例，跟大家一起剖析一下什么才是以服务理念为导向的网点服务。这个网点是河北省邮政储蓄银行保定支行下设的一个百佳网点。为什么要跟大家一起来分享这个网点的情况呢？因为目前我国很多网点在网点建设、选址、装修伊始就已经有了很高的定位，这个定位导致银行差异化建设及个性化建设非常容易。所以很多网点负责人会说："我们网点还没有改装过，要翻修后才能做差异化网点。"这就是一种依照环境来限定个人行为的思想，也是我们所不提倡的。

邮储的这个百佳网点从硬件设施和营业环境等都处于基础阶段，与现在设备齐全、营业环境舒适的网点之间存在一定的差异。但是，这个网点的连续三任支行长始终贯彻以服务为核心的经营理念，这样代代传承，他们的经营理念和服务意识不但没有削弱，反而不断改善与创新。

这家银行网点是如何贯彻执行服务理念的呢？首先他们把客户分为两类：一类是内部客户，一类是外部客户，分别针对内部客户和外部客户来执行他们的服务理念。这位银行负责人有一个很明确的认知：只有服务好内部客户，才能服务好外部客户。正是基于这样一种卓越的管理服务意识，才促使这家网点历经几代网点负责人迭代都没能磨灭网点服务的基本经营理念。

首先我们先来了解一下他们是如何服务内部客户的：他们对于内部客户的服务理念是“关爱”，把员工当成家人一样关爱，从员工的衣食住行、工作、生活、情感、个人心理等方方面面，体现领导对于员工的关爱。行长和行长助理的一项重要工作就是为员工提供充满关爱的工作环境，无论工作多忙，都会抽出时间来了解员工的需求，并基于其合理性来帮助员工解决。

银行要求员工的仪容仪表整洁，着装整齐，但是大部分的网点员工的工装都很少清洗和熨烫。这不但从仪容仪表上看不到整洁，还让每天穿着很久没有清洗服装的人从心理上觉得压抑。

为了方便员工能够穿着整洁的工装，行里特地买了一个小洗衣机，要求员工每周三和每周五下午都要洗涤和熨烫衣服。因为大家不是都有时间，于是就轮流排班来负责洗衣服和熨衣服。这样整个网点的工作人员就好像一个大家族里的兄弟姐妹，轮流排班干活，不但不觉得辛苦，还能保证有干净整洁的服装穿。因此网点的整体氛围和大家的精神风貌自然就比其他网点要好很多。

在用餐方面，所有的银行网点员工用餐都是一件很难的事情，几乎大部分员工都是草草吃上一口就继续开始工作，导致大部分的员工都有胃病。

为了解决大家的用餐问题，行里买了电饭煲和微波炉，并由行长带头，每天从排班中安排一个员工给大家做午饭，虽然做出来的午餐不见得多丰盛，但至少保证了健康和卫生。大家对行长的这种用心关爱都非常感动。

在午休方面，因为网点员工每天都高负荷工作，中午哪怕只休息十几分钟，也能够有效调整每个人的精神状态。为了解决大家的午休问题，经过网点员工一致同意后，行里从网点绩效费用中拿出一部分，买了上下两层的高低床，并配备了床上用品。目的就是让员工可以在中午有很好的休息环境，同时他们的午休时间调整得也非常清晰明确，保证每个人都有明确的休息时间和良好的休息环境，这样大家下午的工作状态也自然会非常饱满。

在银行网点工作，加班可以说是常态，大部分员工对加班都怨声载道，随着这种情绪的蔓延，最终会带到网点的日常工作中。

但在邮储的这个百佳网点里，除了网点负责人，还有两个员工是有车一族，于是，他们就形成了一个不成文的规定，是一旦需要加班，他们就会安排有车的人开车送没有车的人顺路回家，同时也会给有车的员工一些交通补助。这样大家都表示满意，加班的怨言也就少了。

同时，他们还会关注员工的家人。网点有几位女性员工是有孩子的，但是由于经常加班，很难顾及孩子，所以行里就专门安排一个人，每天放学后把孩子都接回来，然后给孩子们买了面包和牛奶，等他们吃饱后，还专门安排一个人辅导孩子们写作业。这样员工就可以很好地工作，不至于因为担心孩子的问题而烦躁不安，从而使工作效率大大提升。

网点负责人为了让员工的家属都能够理解银行的工作，在员工加班的时候能够给予支持，还会找时间做家访，跟员工家属及时有效沟通，最大化降低家庭因素对员工的影响。还定期举办家庭聚会，让员工及其家庭都得到最大化的关爱。

通过上述案例，我们不难发现银行网点内部服务的重要性。关爱体现在日常生活的方方面面，内部员工是我们每天打交道最多的客户，如果连内部客户都没有服务好，又何谈外部服务？很多网点负责人都会受到来自内部的各种困扰，在发生这种困惑的时候，我们不妨首先从内部服务来思考：我们是否真正考虑过员工的感受，是否把员工当成了家人。

服务理念的第二个部分是外部服务，这个邮储的百佳网点的外部服务理念是“服务只有起点，满意没有终点”。因为网点最初的三位领导都是来自老邮政系统的管理者，所以他们也把邮政系统的服务理念带到了这个银行网点中。

通过优质的内部服务，员工的精神状态和服务意识都得到了很大提升，所以这个网点的外部服务也做得非常优秀。他们定期举办的客户关爱活动、客户沙龙活动和厅堂服务活动等，都得到了客户的热烈响应。大部分客户来到网点后，都喜欢再来，还能够带自己的邻居和朋友来。虽然这个网点的基础设置并没有大部分智能化银行那样先进，但是对客户而言，这种宾至如归的感受要远胜于没有情感的机器服务。

这个百佳网点在外部服务功能上也做到了如下几个方面：

首先，任何新业务都能够第一时间在网点展示出来，从产品的展示、现场讲解和网点布局，方方面面都在向客户高效地介绍银行推出的新业务，很多客户对银行业务的了解都是从这个网点开始的。

其次，网点的每日工作流程和个人的每日工作流程都要标准化，因为标准化的流程才是最容易管理、也是让客户觉得秩序井然。同时，工作人员还要能够基于标准化之外，做到服务的个性化，虽然流程非常清晰，但是并不死板。

最后，从网点给客户呈现的感觉上来说，这个网点虽然是一个老网点，但是网点给客户的感觉比新装修的网点还要好出很多。对普通客户来说，这个网点给人的感觉非常亲切，对中高端客户的私密性也做得非常好。网点的工作人员对待每个客户都能够热情、周到地提供服务，及时帮客户解决问题，让客户有宾至如归的感觉。

所以，服务不是一个口号，也不是一个流程。服务是一种由内而外的创造过程。一家网点要做到工作流程的标准化很容易，但是要做到服务的标准化很难，更何谈在未来的网点竞争中，我们要做到服务的差异化和个性化？服务是自上而下的意识形态的培养，是需要根植于每个网点工作人员心中的重要力量。

○ 强化从客户角度思考的服务功能定位

从银行的角度来看，网点的服务主要有四大功能，即形象展示功能、新业务展示与体验、销售功能、服务功能。这方面我们在之前的网点 CIS 管理部分已经详细地进行了解读和分析。在这里，我们从客户的角度来思考网点的服务功能定位。对客户来说，网点要能够实现六大功能管理，即等候时间管理、环境与秩序管理、业务信息管理、业务技能管理、服务态度管理、客户活动管理。

在互联网时代，信息的开放使客户的参与感与参与欲望越来越强，所以我们在提供服务的时候还要把握客户的三个心理特点：求新、求异、求娱乐，并以此为基础，着力打造有竞争力的客户服务流程。

客户从进入网点开始，无论是在办理业务之前、之中还是之后，都希望能够参与到服务产品中来。客户首先需要的就是效率，因为对客户来说，能够最快速获得业务办理，是网点带给客户最重要的服务。所以，在网点存在大量客户等候的情况下，就要充分考虑客户的需求，为客户减少等候带来的焦躁情绪，让等候变得有趣。大部分银行选择的是在厅堂安装一台电视，在客户等候期间循环播放搞笑视频、宣传片等，以此分散客户注意力；有的网点在等候期间给客户举办小型的讲座沙龙，还能够起到一定的营销作用。

同时，我们也可以借鉴其他行业在这方面做得好的经验，比如，在机场安检通道，有一个黄色的地面标示，显示“排队至此到通过安检大概需要12分钟、8分钟、5分钟”的字样。这种让客户明确等候时间的方法也能够大大降低客户的焦虑心理。所以，在客户等候的时候，我们应该提供服务，减少由于等候时间过长而造成的客户不满。

客户还会关注到网点的服务是否具有趣味性，网点的环境是否舒适，服务流程是否井然有序。最重要的是，很多客户开始关注的就是网点是否有可参与的活动。

有个网点曾经在开门红期间遇到一位客户，在网点等候存款时直接询问大堂经理：“其他银行在过年期间都有一些活动，你们银行怎么没有？这大厅冷冷清清的，好无聊啊。”客户对于趣味性和差异性的需求已经变得越来越常态化。那么作为网点负责人，如果还没有意识到，或者还没有着手在服务环境的差异化上进行打造，那就在竞争中处于不利地位了。

网点负责人要关注因业务流程和业务能力的熟练与否给客户带来的信任问题。每个网点都会有实习生或者业务技能不熟练的员工，当客户到业务能力不熟练的柜台办理业务的时候，必然也容易对整体的网点服务和能力产生怀疑。所以，在网点工作中，我们要多多关注新员工的业务熟练程度，对于不达标或者不能够快速为客户提供所需服务的情况，大堂经理和网点负责人要及时进行客户维护。另外，对于网点的全体员工，要及时进行新产品的辅导和学习，力求当客户问到新产品和服务流程时，全员都能够熟练解答。

最后，要讲究信息提供的方式和方法。虽然很多银行都选择张贴的形式来公示产品和服务规范，但是这种张贴出来的海报真的有人看吗？或者这种张贴出来的内容起到了真正的作用吗？

我曾经在某银行的网点做过一次调研，当时在厅堂等候的客户不低于 40 人，我问客户是否有看到行里新推出的服务章程和规定的时候，大部分客户都是茫然的；当我问到他们是否了解该行的网上银行使用流程时，客户更是张口结舌；而当我指向了行里张贴出来的指示海报，客户都哑然失笑，因为那个海报上的字，就算是眼神再好的客户都看不清楚，更何况这个网点大部分客户都是年纪较大的客户。所以，这张海报根本没有起到信息传递的功能。

我们在网点传递信息的过程中，要关注到客户对信息的可获得性、信息的准确性、信息的及时性和信息的娱乐性。

○ 打造让客户能够有效识别的服务渠道

良好的服务要通过服务渠道让客户去体验和感受。一般来说，网点服务渠道分为两大类，即厅内和厅外。只有将二者整合在一起，有效利用每个渠道来传播网点的服务理念，才能够让客户更深刻地认知和感受到网点服务的价值。所以，作为网点负责人，我们要充分认识和了解到每个渠道的服务如何体现价值。

厅内服务渠道

厅内服务渠道包括厅堂的布置、柜面的服务、一对一服务、自助设备服务。厅堂的布置对客户来说是最直观的服务渠道，我们在厅堂布置上是否充分考虑到客户的需求，也是客户辨识我们服务理念的重要渠道。

厅堂布置尽可能做到细心、周到，满足客户的各种需求。比如，有些银行网点为客户准备了碎纸机、生活必需品等。同时，网点柜面人员在为客户提供服务的过程中，业务办理效率、服务态度等都能够给客户带来不同的服务体验。网点每个工作人员在与客户进行一对一沟通和服务的过程中，能否始终如一地贯彻网点服务理念，为客户创造价值，会在我们的服务流程中体现出来。

同样，在厅内服务中，我们不能忽视的还有自助设备服务，各家银行网点的自助服务区都非常不同，比如，我在某银行自助服务区办理业务时，首先映入眼帘的就是标注清晰的自助服务设备使用流程。这种服务对一些不善于使用自助设备的客户来说是非常周到的。同时在这家银行自助服务区的一个空白区域，还有一个社区服务公示板，上面清晰地标注了在该网点周边 1000 米内的公共服务地址、电话和周边其他银行的地址和电话。这种细心周到的服务，让我对这家银行刮目相看。

虽然现在很多网点都在推行电子化、智能化，实施办理业务免填单系统，但依然有大部分网点和业务是需要客户办理业务时填写单据的。让我们来看几种网点的填单服务区别在哪里。

第一种网点：填单台上的空白凭证处是空的，客户找不到，还要不停地去找工作人员，工作人员翻半天才翻找出来，而填写模板却是错的，因为没有及时更新。

第二种网点：空白凭证及填写模板都及时更新，需要客户填写的地方标识清晰。

第三种网点：除了能做到第二种网点所做之外，空白凭证及填写模板上都编上相应的编号，以便客户查找及填写。

第四种网点：除了能做到第三种网点所做之外，每种空白凭证上需要客户填写的地方，都已被工作人员用铅笔做了标识。

请问一下，如果你是来网点办理业务的客户，会觉得以上哪个网点服务体验好呢？答案是显而易见的，那就是第四种网点。

所以，厅内服务是客户最快速也是最便捷地了解银行服务理念的渠道，无论从硬件设施的配备还是软服务环境的打造上，我们都要充分考虑到客户的需求，提升工作效率，保持服务理念的统一，在每个细节上来体现网点的服务能力。

厅外服务渠道

厅外服务着重关注的是银行的品牌定位、服务定位、品牌宣传，以及客户内心定位，更多的是通过广告、活动等形式，来提升客户对银行网点的认知，夯实客户的价值理念。包括网络的宣传和广告、营销活动，以及外拓营销一对一服务等。

媒体宣传一般包括网络媒体、电视媒体、报纸媒体等。大部分的媒体宣传不需要网点负责人来考虑，媒体宣传都是由总行和分行来执行。但是在互联网时代，新媒体被广泛宣传和客户认知，微信、微博的宣传也越来越得到客户的喜爱。

有的优秀网点有自己的自媒体，他们通过微信订阅号的使用，扩大了网点的宣传能力。利用事件营销等各种形式新颖的营销方式和制造话题的方法，将自己的网点服务宣传出去，让更多的客户了解到他们能够提供的差异化服务，不断吸引增量客户到网点来体验。

除了媒体宣传的形式，网点还可以通过各种活动来实现服务的有效传播，扩大服务渠道。比如，有些网点与周边社区的居委会合作，为青年创业者提供一些支持和服务，参与公益事业等。这些都能够为银行网点树立正面的服务形象，也是对外宣传网点服务的有效渠道。

服务虽然是无形的产品，但是我们可以将服务做到可视化，比如，有的网点将客户活动的照片保存下来，冲洗张贴在网点，让更多的客户了解到他们的服务。还有的网点把网点特色服务信息发送到微信公众号上博得更多的关注和转发。

只要我们认真贯彻网点的服务理念，提升每个员工的服务意识，将服务进行到底，充分利用网点的每一个服务细节，做到服务系统化，服务流程化，客户价值也会在服务中被挖掘，被创造。

完善以制度规范为基础的网点服务管理

○ 标准化银行网点服务的基础管理

服务是一门艺术，更是一项任重而道远的工作。一个网点向客户彰显的服务，是网点全体员工综合素质的体现。作为一个组织，银行网点的服务不能仅靠一个人的自动自发，而应该从组织管理的角度进行思考，如何通过管理和制度的推行、完善来保证目标的实现。

在这方面，银行不仅要严格执行中国银行业协会提出的各项服务规定和服务管理办法，从服务制度、服务监测、投诉处理、应急处理、服务考核、服务档案等方面来着手，更要结合自己网点的实际情况，从市场出发，从客户出发，来思考、执行和完善。

对客户来说，服务基础管理是为了满足市场需要，对银行来说，还要更好地对知识进行管理，不断传承和创新。比如，有的银行遇到客户投诉，处理之后就结束了；而有的银行，却把教训当经验，编制成客户投诉处理案例分享。这样，即使没有遇到类似投诉的网点，也可以提前获取应对与处理办法，从而更好地提高客户的满意度。

重视网点的服务文化建设，并且严格执行银行协会提出的服务管理办法，夯实每位员工的服务技能，是网点负责人在进行基础服务管理和服务规范的最佳途径。现在还有一些网点的服务不够规范，连最基础的柜面服务都无法让客户满意，投诉不断，这是首先要解决的。

先让客户没有不满意，然后才能想办法让客户满意，最后才能提供超出期望值的服务。最基础的服务是可以通过制度、流程来实现的，比如每天的晨夕会、巡点等都是网点负责人夯实服务基本规范的过程。把全员服务意识和服务能力纳入网点的发展规划中进行重点考核，通过一个阶段的管理，必然能够产生一定的成效。

○ 银行网点服务能力的提升与进阶

对任何一种服务行业来说，服务的标准和能力都在不断提升和进阶。综合我国银行网点不同阶段的服务状态，我们可以简单地将其归为“银行的四化”。可以说，通过对银行四化的剖析和讲解，基本能够涵盖及解读目前我国网点服务进阶的全部过程和阶段。各位网点负责人也可以根据这种进阶的具体标准来给自己的网点进行定位，并进行下一步的提升计划。

“银行四化”指的是银行网点的规范化、标准化、差异化及个性化四个不同的发展阶段（如图 29 所示）。网点负责人可以通过四个阶段的进阶来判断和评估网点的服务能力。

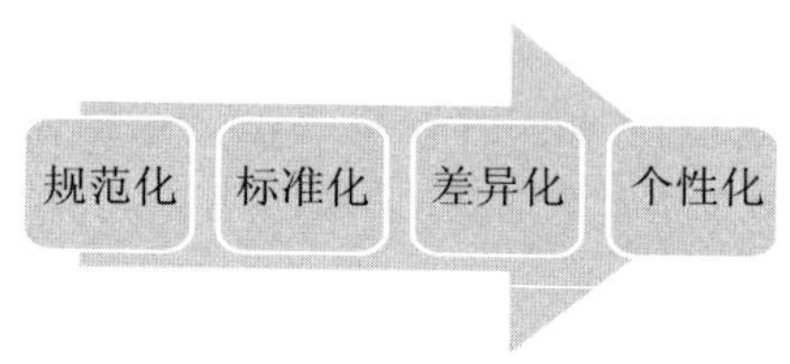

图 29　网点服务进阶的四化管理图

规范化

所谓规范化指的是网点布局规范、功能设置规范、人员配备规范、操作流程规范。规范化是当前我国银行业最基础网点的经营状态，在网点打造中属于最基础的部分。通过规范化网点服务管理，我们能够实现的是客户基础业务办理顺畅，客户体验良好。

目前我国大部分银行网点都能够满足这个规范的要求，从网点的功能建设到网点的人员服务规范，通过网点规范化要求，能够夯实业务基础，培养员工服务意识，为网点服务进阶和升级奠定坚实的基础。

标准化

网点发展的第二阶段是标准化，标准化网点建设和打造能够提升网点服务品质，提供满足客户期望值的服务。近几年银行协会提出的百佳网点和千佳网点标准就是标准化网点的基本要求。

标准化网点的建设要在充分考虑到客户需求基础上，把每个细节做到极致，让客户能够通过每个服务细节感受到网点工作人员的用心。

标准化网点的服务是在规范化服务基础上的进一步升级，是服务意识和服务能力的夯实和提升。标准化网点的工作人员能够将服务意识和服务理念融入工作中，为网点差异化转型做好充分准备。

差异化

目前，我国大部分银行都已经开始以客户为核心、以服务为目标进行网点的差异化建设，差异化网点已经成为大部分银行打造的重点目标。这是因为，差异化网点能够创造客户的服务价值，能够提供与原本银行网点不同的服务职能和服务体验。

现在银行业流行这样一句话:“越不像银行的银行越是一家好银行。”这就是说，银行从业者跳出传统银行经营的思维模式，打造出以客户需求为核心的差异化营业网点，使银行看起来不像一家银行。也正是这种客户需求导向思维的银行服务终端，才能从真正意义上起到客户服务、营销、维护的真正渠道的作用。

只有经历了差异化网点打造和服务升级的银行网点，才能够更深刻地意识到服务在网点管理中起到的重要作用，对未来更深一步的个性化网点打造奠定服务意识和服务品质的坚实基础。

个性化

个性化网点的打造与差异化网点的最大不同就是，个性化网点无论从营销产品、网点营业服务区域、网点功能设置等各方面，都真正意义上实现了个性化设置，甚至个性化网点能够实现的就是筛选服务对象的能力。

个性化网点是能够培养客户价值的服务终端。要实现网点的个性化打造，首要前提就是网点的价值被充分挖掘出来。不是每个银行都可以做个性化网点的，要实现个性化网点打造，银行的经营价值、目标客户定位、产品研发，以及服务团队的建设都要充分满足市场需求。

个性化网点的打造离我们并不遥远，需要每个银行从业者全力以赴来实现。市场的竞争越充分，细分就越清晰，每家银行只要做好自己的精准客户定位，在细分市场中，认真打造差异化的银行服务终端平台，必然能够体现银行的价值，并且真正意义上维护属于自己的“铁粉”客户群体。

服务管理是在众多管理中最难的管理，因为真正的服务没有标准可循，服务是一种意识形态的改善和培养，网点的服务进阶不能操之过急，也没有任何捷径可走。

我的工作性质决定了我需要经常乘坐飞机，不同航空公司倡导的服务理念是不同的。我在两个航空公司的飞机上都经历过被空乘不小心把水和饮料洒到身上的经历，其中一家航空公司的空姐非常真诚地向我道歉，并马上给我擦掉残留的饮料，还要求把衣服拿去干洗，洗干净后邮寄到我家。虽然我婉言拒绝了她的好意，但是她还是很不好意思，每次路过我身边都会跟我打招呼，表示她的抱歉。这家航空公司几乎是我出行的首选，主要就是因为每个工作人员都洋溢着让人暖心的笑脸。

而另外一家航空公司的空乘人员把水洒在我的背包上，却是满脸不悦地看着我说："没关系，我给你擦擦就好了。"然后她给邻座的乘客倒完水，才来给我擦拭了一下背包。全程服务没有笑容，甚至中间有两次他们的同事路过我身边，为了躲避我邻座乘客的孩子，还会拉拽到我的头发。她们并没有表现出歉意，更不会觉得这样做有何不妥。

从这两家航空公司的服务表现，我们能够清晰地得出一个结论，就是两家航空公司的服务管理和服务品质有着天壤之别。这种差别不是靠流程化的管理能够改善和解决的，需要的是扎实的服务意识的培养和服务理念的渗透。第一家航空公司已经运营多年，在员工的培养和服务能力的提升上有着雄厚的基础，而第二家航空公司是较新的航空公司，我们可以理解为他们的服务基础不够深入人心。

同样，银行网点的服务差异化转型不是短期内能够实现的。针对银行的服务进阶策略，我们要踏踏实实地进行完善。任何一个网点都很难实现从规范化直接到差异化或者个性化的飞跃。每个服务进阶的阶段都是全体工作人员共同成长的质的飞跃。

所以，作为网点负责人要做到的就是当竞争对手已经完成了网点的标准化建设，我们就要考虑我们的差异化网点如何推广，只要比竞争对手向前多走那么一小步，就是营销管理成功的一大步。

致读者的一封信

各位尊敬的读者：

当您看到这里的时候，说明您已经阅读过本书的所有章节。感谢您能够阅读本书。陈楠和杜晶晶在此对您的支持深表谢意。这本书是我们在过去几年中，通过与各大银行的网点负责人相互学习和成长后给自己留下的一份总结，也希望给您的工作带来帮助。

本书的第一部分我们共同分析了银行未来发展的趋势。

趋势是每个人站在自己的角度通过一些现象而产生的判断，互联网已经以势不可挡的态势进入我们的生活。作为金融行业的从业者，我们更应该看到这样的趋势为我们带来的机遇和挑战。

历史无法重演，但是规律可循，在任何趋势中，我们都要抓住规律。银行业的转型势不可挡，而且转型的浪潮会一浪高过一浪。作为网点负责人，读懂这个趋势，并且做好自己的规划，胸有成竹地面对即将到来的全面竞争环境，对我们每个人来说，都是最佳的选择。

第二部分我们站在每个网点负责人的身后，以第三者的视角重新审视网点负责人的管理职能。

我们要时刻铭记彼得·德鲁克先生的管理思路，首先管好自己，成为每个员工的榜样；其次管理好网点，让网点能够有序运营，每个人各司其职；最后要管好员工和工作，作为网点的大家长，每个员工都是我们的孩子，他们有各自的性格和发展诉求，更有各自的能力。我们要让他们发挥自己所长，因人设岗，共同成长。

作为一位优秀的管理者，就要履行好管理职能，发挥自己的管理优势和特长。相信在您的带领下，您所工作的网点必然能够创造不一样的辉煌。

第三部分我们着重分析了网点的营销策略。

因为任何一个网点的最终目标都是实现网点的营销目的。作为网点负责人，我们要能够快速识别我们的目标客户，并且能够洞悉目标客户的基本需求，了解三类客户的营销方式和方法，最终建立点、线、面的营销思维。

团结所有员工，让每个营销活动都能够完成目标，虽然营销工作艰难困苦，但是我们总能攀越一个又一个高峰，实现一波又一波的业务目标。网点负责人更应该通过营销活动，不断夯实网点的存量客户，提升流量客户的转化，同时带动更多的增量客户到网点来体验。要实现这些目标，就要综合客户、产品、渠道和促销活动的四维营销视角，完善网点营销策略的整体规划和单点策划。

第四部分我们把视角转向了网点的服务。

随着互联网金融的不断发展，网点的业务办理职能将会逐渐下降，取而代之的是服务职能的提升。优质的服务能够为我们赢得更多的发展空间和持续的业务价值。但是我国银行网点目前的服务水平和服务能力参差不齐，作为网点负责人，首先要建立正确的服务意识和服务理念，从为内部客户开始提供优质服务，进而为外部客户提供八大服务体验。

服务不是单一存在的，而应融入我们每一项业务办理流程中，融入网点工作人员的一颦一笑中。同时我们要意识到服务的进阶需要，每个网点必将经历的是规范化、标准化、差异化和个性化的“四化”服务进阶和升级。这四化的进阶不能逾越，因为真正的优质服务是无法用流程来衡量的，更重要的是全员的服务意识和服务理念的塑造。

这四个部分之间有着密不可分的联系。作为网点负责人，我们首先要拥有前瞻的网点发展意识和理念，然后要通过管理策略、营销策略和服务策略的共同提升来实现最终的发展目标。而管理网点就是要做好网点的营销和服务，为客户提供服务也是一种营销，要做好营销就必须要有良好的服务基础和管理基础。

所以，请大家不要把每个章节单独切割来看待。只有网点的综合素质和能力提升才是最终实现网点经营管理目标的核心动力。

最后，仍然要感谢每位读者的阅读，也希望在未来的工作中，能够得到您的支持和厚爱。如果您的网点在经营管理中存在任何问题，或者您想对本书的某个章节提出建议，欢迎您联系我们。

本书只是一个开始，未来我们将仍然立足网点负责人的角度，为大家提供更多丰富的产品。祝您工作顺利，网点有成。

陈楠　杜晶晶